DEVOCIONALES DE
CHARLES SPURGEON

VUELVAN
A MÍ

JIM REIMANN
Editor de la edición actual de
Manantiales en el Desierto

Vida®

La misión de Editorial Vida es ser la compañía líder en comunicación cristiana que satisfaga las necesidades de las personas, con recursos cuyo contenido glorifique a Jesucristo y promueva principios bíblicos.

VUELVAN A MÍ
Edición en español publicada por
Editorial Vida —2010
Miami, Florida

Originally published in the U.S.A. under the title:
    Look Unto Me
    Copyright © 2008 by James G. Reimann
Published by permission of Zondervan, Grand Rapids, Michigan

Traducción: *Adriana Tessore*
Edición: *Elizabeth Fraguela M.*
Diseño interior: *artserv*
Diseño de cubierta: *Pablo Snyder*

ISBN: 978-0-8297-5585-5

CATEGORÍA: Vida cristiana / Devocional

IMPRESO EN ESTADOS UNIDOS DE AMÉRICA
PRINTED IN THE UNITED STATES OF AMERICA

10 11 12 13 14 ❖ 6 5 4 3 2 1

Vuelvan a mí y sean salvos, todos los confines de la tierra,
porque yo soy Dios, y no hay ningún otro.
Isaías 45:22

LA HISTORIA DETRÁS
DE *VUELVAN A MÍ*

Vuelvan a mí

y sean salvos, todos los confines de la tierra,

porque yo soy Dios,

y no hay ningún otro.

Isaías 45:22

«Vende todos [los libros] que tengas … y compra Spurgeon».
Estas fueron las palabras del destacado teólogo alemán del siglo diecinueve Helmut Thielicke (1908-1986). Entre los 140 libros y los 25.000 sermones, Spurgeon tiene alrededor de 25 millones de palabras impresas; más que cualquier otro autor cristiano vivo o muerto.

La conversión de Spurgeon

Charles Haddon Spurgeon (19 de junio de 1834 al 31 de enero de 1892) terminó de escribir *Morning by Morning* (ahora ampliado, actualizado y con índice bajo el título *Vuelvan a mí*) en 1865, cuando tan solo contaba con treinta y un años. ¡Asombrosa obra para alguien tan joven! No obstante, en aquella época ya llevaba catorce años como pastor, exponiendo fielmente la Palabra de Dios, ya que había sido llamado al ministerio cuando apenas tenía diecisiete años de edad. Al final, abandonó este mundo a los cincuenta y siete años, luego de dedicar cuarenta años a predicar, a ser pastor y escritor, así como también fundador de un seminario para pastores y de un orfanato.

El Señor lo salvó a los quince años, el 6 de enero de 1850. Lo que sigue es el relato de su salvación en sus propias palabras:

Por la gracia de Dios fui convencido de pecado durante mi infancia. Llevaba una vida triste, sin esperanza ni consuelo; pensando que realmente Dios nunca habría de salvarme. Sin embargo, decidí visitar todos los sitios de adoración de la ciudad para hallar el camino de la salvación. Estaba dispuesto a hacer cualquier cosa y ser cualquier cosa con tal de que Dios me perdonara.

Comencé por ir a todos los lugares de adoración y aunque venero con respeto a quienes ocupan el púlpito, como también lo hacía entonces, debo decir con sinceridad que jamás les escuché predicar el evangelio por completo. Lo que quiero decir es que predicaban la verdad, grandes verdades, muchas buenas verdades aptas para una amplia mayoría en la congregación (personas con mentalidad espiritual); pero lo que yo quería saber era: «¿Qué debo hacer para que mis pecados sean perdonados?» Y ellos nunca me dijeron esto. Yo quería saber cómo un pobre pecador, con convicción de pecado, podría hallar paz con Dios.

Por último, un día en que nevaba (nevaba tanto que no pude ir hasta el lugar al que había decidido ir) me vi obligado a detenerme en el camino, y esto, sin duda alguna, fue una parada bendecida. Descubrí una calle oscura donde se levantaba una pequeña capilla. Era un sitio desconocido para mí. Entré y me senté, pero no apareció ningún ministro. Al fin se aproximó al púlpito un hombre muy delgado que leyó estas palabras: «**Vuelvan a mí** y sean salvos, todos los confines de la tierra, porque yo soy Dios, y no hay ningún otro» (Isaías 45:22). Luego, posando sobre mí sus ojos como si escudriñara mi corazón, me dijo: «Joven, estás en problemas». Bueno, eso ya lo sabía. Y continuó diciendo: «Jamás saldrás de ellos, a menos que vuelvas tus ojos a Cristo». Y al final alzó las manos y exclamó: «Mirad, mirad, mirad. ¡Solo tienes que mirarlo a él!» Enseguida descubrí el camino de la salvación. Oh, cómo brinqué de gozo en aquel momento. No sé qué más dijo, ya que no le presté atención debido a que este solo pensamiento se apoderó de mí. Esperaba tener que hacer unas cincuenta cosas, pero cuando escuché la palabra «mirad», me pareció asombrosamente encantadora. Fijé mis ojos en él y en el cielo, seguiré mirándolo en mi gozo indecible.

Sé que estoy comprometido a jamás dejar de predicar un sermón sin presentarle el evangelio al pecador. Considero que el pastor que predica sin dirigirse al pecador, no sabe predicar.

Así se inició una vida completamente rendida al Señor y a su Palabra.

El amor de Spurgeon por la educación

Aunque Spurgeon jamás se graduó de una universidad ni asistió a un seminario, sería un error considerarlo iletrado. Su biblioteca personal contaba con más de 12.000 libros y la mayoría, si no todos, los había leído, ya que por lo general leía seis libros por semana. La falta de preparación en un seminario formal es algo en común que Spurgeon tiene con personas de la talla de Agustín (354-430), Juan Calvino (1509-1564), Dwight L. Moody (1837-1899), Arthur Pink (1886-1952), D. Martyn Lloyd-Jones (1899-1981), Billy Graham (1918-) y muchos otros predicadores de renombre. Los escritos de Spurgeon han sido tan ampliamente leídos y distribuidos que pocos son los pastores o seminaristas del mundo que no cuenten, por lo menos, con uno de sus libros en la biblioteca.

Esto no es un cuestionamiento acerca de la capacitación teológica formal, dado que Spurgeon la apoyaba, siempre y cuando fuera estrictamente bíblica. No obstante, la iglesia debía estar dispuesta a aceptar la veta de capacitación de Spurgeon o pasaría por alto al siguiente predicador con su excelente perspectiva de la Palabra de Dios. Es más, Spurgeon pasó gran parte de su vida capacitando candidatos al pastorado a través de la universidad de pastores, que él mismo fundó en 1856, en los inicios de su carrera. Cierta vez describió a los profesores universitarios con estas palabras: «El Señor nos ha enviado tutores que aman la sana doctrina y son celosos de la verdad. Herejía en la universidad implica falsa doctrina en las iglesias, dado que profanar la fuente es contaminar los arroyos».

Por qué se incluye la sección: «De la pluma de Jim Reimann»

Reconozco que actualizar a Charles Spurgeon es una experiencia que me enseña humildad. No obstante, mi propósito al actualizar su lenguaje es el mismo que tuve en las previas actualizaciones, *En pos de lo supremo* (de Oswald Chambers) y *Manantiales en el desierto* (de Lettie B. Cowman): hacer que estas espléndidas obras del siglo diecinueve y principios del siglo veinte fueran accesibles al lector actual.

Sin embargo, en *Vuelvan a mí* (previamente publicado como *Morning by Morning*), he añadido mis propios comentarios para complementar los pensamientos de Spurgeon. Uno de los objetivos es arrojar más luz sobre las Escrituras basándome en mi propia vida dedicada al estudio de la Biblia. Hace más de veinticinco años que el Señor me llamó a enseñar su Palabra y hace diez que me introdujo en un ministerio de enseñanza bíblica a través de peregrinaciones a Israel. Desde entonces, mi esposa Pam y yo hemos tenido el privilegio de viajar allá alrededor de veinte veces para estudiar y enseñar. Muchos de mis comentarios provienen de la percepción que obtuve en lo que considero que es el mayor seminario del mundo: Israel.

Otro propósito, y el principal, es conseguir que las personas se aproximen por sí mismas a la Palabra de Dios, no simplemente a otro libro de meditaciones, dado que el verdadero poder está en su Palabra. Pronto descubrirás que la mayoría de mis comentarios consisten en agregar otros versículos de la Biblia para analizar o brindarle una mayor comprensión al lector acerca del contexto del texto bíblico de Spurgeon.

La influencia de Spurgeon en Oswald Chambers y Lettie Cowman

Jamás ha dejado de asombrarme que los escritores de las meditaciones de mayor venta de todos los tiempos, *En pos de lo supremo* (Chambers) y *Manantiales en el desierto* (Cowman), hayan tenido, sin lugar a dudas, una enorme influencia del ministerio de Charles Spurgeon. Es más, Oswald Chambers fue salvo siendo un adolescente de catorce años, inmediatamente después de escuchar a Spurgeon predicar en su iglesia de Londres, cuando estuvo allí de visita con su padre. Y por haber pasado muchos años leyendo *Morning by Morning*, *Evening by Evening* y *En pos de lo supremo*, puedo atestiguar que en Chambers existe una influencia teológica de Spurgeon.

Al parecer, Spurgeon también impactó grandemente a Lettie Cowman. Su *Manantiales en el desierto* es una compilación de más de 250 contribuciones que influyeron en su vida y cita treinta veces a Spurgeon, mucho más que a cualquier otro. Y tal como lo expresé en la introducción de la edición actualizada de *Manantiales en el desierto*, también existe un lazo entre Oswald Chambers y Lettie Cowman, porque los Cowman (que eran misioneros en Oriente) una vez invitaron a Oswald Chambers a ministrar con ellos en Japón.

Hay, por lo tanto, un lazo histórico entre estos cuatro libros imperecederos de devociones: *En pos de lo supremo*, *Manantiales en el desierto*, *Vuelvan a mí* (antes *Morning by Morning*) y *Hear My Voice* (antes *Evening by Evening*, que estará listo [en inglés] en el otoño de 2010).

El legado perdurable de Spurgeon

Una vez Spurgeon describió su enfoque de la predicación con estas palabras: «Elijo un texto y de allí voy derecho hacia la cruz», lo cual hace que su mensaje sea eterno. Uno de sus amigos cierta vez escribió:

La obra de C.H. Spurgeon jamás perecerá, porque una vez le escuché decir: «Te suplico que no vivas solo para esta generación sino también para la siguiente. Si pudiera, extendería mi sombra hasta el infinito». Y lo hizo. Su obra es tan imperecedera como la verdad de Dios. Su memoria no se disipará como una estrella fugaz ni sus obras quedarán olvidadas como el eco que se apaga. Él continuará brillando, sin jamás dejar de iluminar la vida de los hombres con la verdad que predicó, el trabajo que hizo y la existencia sin tacha que vivió.

A Spurgeon se le llamó el más grande predicador desde el apóstol Pablo y lo han comenzado a reconocer como «el príncipe de los predicadores». Es mi oración que tú, como lector, obtengas una percepción más profunda de la Palabra de Dios a través de la obra de Spurgeon, ahora ampliada y actualizada en *Vuelvan a mí*, y que las nuevas generaciones de lectores puedan descubrir las verdades eternas que presenta Spurgeon, el siervo incondicional de Dios.

Como Abel, Charles Spurgeon «ofreció a Dios un sacrificio más aceptable» y aunque ya hace 116 años que fue a la presencia del Señor en la gloria, «por la fe ... a pesar de estar muerto, habla todavía» (Hebreos 11:4).

¡A Dios sea la gloria!

Jim Reimann
Agosto de 2008

(Se agradecen los comentarios de los lectores en www.JimReimann.com.)

Extracto del prefacio original de Spurgeon, diciembre de 1865

Las almas iluminadas y amantes de lo celestial siempre han atesorado las meditaciones matinales, y estas almas han tenido como regla no ver jamás un rostro humano sin antes haber visto el rostro de Dios. Por lo tanto, la primera hora de cada mañana debe dedicarse al Señor, cuyas misericordias la reconfortan con luz celestial y divina.

Si no tienes tiempo para leer la meditación matinal y al menos un capítulo de las Escrituras, de todo corazón te suplico que dejes este libro a un lado, dado que me apenaría sobremanera saber que por mi culpa alguien esté leyendo menos la Palabra de Dios. He sentido en mi corazón el deseo de motivar a mis amigos a investigar en sus Biblias más que nunca, por lo tanto, seleccioné los pasajes con esmero y busqué hasta en lo más recóndito de la Biblia para que la curiosidad pudiera llevarlos a indagar en el contexto. No obstante, me desilusionaría si después de todo terminara por frustrar mi propio objetivo al distraer al lector, escudriñando mis comentarios, en lugar de escudriñar la Palabra de Dios directamente.

Con mucha oración por bendiciones celestiales sobre esta obra de amor y con sinceros pedidos de oración a los fieles, dedico humildemente este trabajo a la honra del trino Jehová y lo presento con respeto a la iglesia cristiana.

DÍA 1

Dedíquense a la oración.

Colosenses 4:2

De la pluma de Charles Spurgeon:

Es interesante notar la gran porción de la Palabra sagrada de Dios dedicada al tema de la oración, ya sea dándonos ejemplos a seguir, exigiendo obediencia a su verdad o declarando promesas relacionadas con ella. Apenas abrimos la Biblia, nos encontramos con: «Desde entonces se comenzó a invocar el nombre del SEÑOR» (Génesis 4:26), y justo antes de acabar el bendito libro, llega hasta nuestros oídos el «amén» (Apocalipsis 22:21) de una petición cargada de propósito.

Los ejemplos son inagotables. En este libro encontramos a un Jacob que lucha (Génesis 32:22-32), a un Daniel que oraba tres veces al día (Daniel 6:10) y a un David que clamaba a su Dios con todo su corazón (Salmo 55:16; 86:12). Vemos a Elías en la montaña (1 Reyes 18:16-46) y a Pablo y a Silas en la cárcel (Hechos 16:16-40). Encontramos infinidad de mandamientos e innumerables promesas.

¿Qué nos enseña esto, aparte de la sagrada importancia y la necesidad de la oración? Podemos estar seguros de que cualquier cosa que Dios haya destacado de forma prominente en su Palabra, es porque él anhela que sea llamativamente notoria en nuestra vida. Si él dice tanto sobre la oración es porque sabe cuánto necesitamos de ella. Nuestras necesidades son tan profundas que no debemos cesar de orar hasta que estemos en el cielo.

¿Crees que no tienes necesidades? Entonces me temo que no conoces tu verdadera pobreza. ¿No sientes el deseo ni la necesidad de hacerle peticiones a Dios? Entonces que Dios, en su inmensa misericordia, exponga tus miserias porque ¡un alma sin oración es un alma sin Cristo!

La oración es el balbuceo entrecortado del niño que cree, el grito de guerra del creyente que lucha y el réquiem del santo agonizante que se duerme en los brazos de Jesús. Es el aire que respiramos, es la clave secreta, es el aliento, la fortaleza y el privilegio de todo cristiano. De modo que si eres un hijo de Dios, buscarás el rostro de tu Padre y vivirás en el amor de tu Padre.

Ora pidiendo que en este año puedas ser santo, humilde, devoto y diligente; que puedas tener una comunión más cercana con Cristo y que ingreses con frecuencia al salón del banquete de su amor. Ora para que puedas ser un ejemplo y una bendición para los demás, y que puedas vivir más y más para la gloria de tu Señor.

Que nuestro lema para este año sea: «Dedíquense a la oración».

De la pluma de Jim Reimann:

Si, como lo expresa Spurgeon, «un alma sin oración es un alma sin Cristo», ¿cuántos somos los que transitamos cada día sin él? ¿Cómo es que profesamos conocer al Señor, diciendo que él es nuestro amigo, pero pasamos tan poco tiempo en comunión con él en oración?

Nuestro Señor Jesucristo estableció un magnífico ejemplo para nosotros de lo que representa la comunión con el Padre celestial. «Muy de madrugada, cuando todavía estaba oscuro, Jesús se levantó, salió de la casa y se fue a un lugar solitario, donde se puso a orar» (Marcos 1:35). Nuestro Señor oraba con frecuencia: al iniciar el día, antes de muchos de sus milagros, antes de las comidas y antes y durante su crucifixión, por nombrar solo algunas ocasiones. Él oró por los perdidos, por sus discípulos, por sus enemigos, por el mundo y por sí mismo. Muchas de sus oraciones han quedado registradas en su Palabra para enseñarnos cómo orar, cuándo orar y por quién orar.

Si Jesús, el perfecto Hijo de Dios, necesitó de tales momentos con su Padre, ¿cuánto más nosotros?

DÍA 2

Haré de ti un pacto para el pueblo.

Isaías 49:8

De la pluma de Charles Spurgeon:

Jesucristo es en sí mismo la suma total del pacto y, como uno de sus dones, él es la posesión de cada creyente. Querido cristiano, ¿eres capaz de sondar lo que has recibido en él, porque «toda la plenitud de la divinidad habita en forma corporal en Cristo»? (Colosenses 2:9).

Considera la palabra Dios en la plenitud de su infinita grandeza y luego medita en la belleza de llegar «a la medida de la estatura de la plenitud de Cristo» (Efesios 4:13, RVR 1960).

Recuerda, siendo Dios y siendo hombre, todo lo que Cristo tiene o tuvo alguna vez te pertenece única y exclusivamente gracias a su favor. Se ha derramado en ti y será tu herencia para siempre.

Nuestro bendito Jesús, como Dios, es omnisciente, omnipresente y omnipotente. ¿No resulta reconfortante saber que todos estos gloriosos atributos son plenamente tuyos? ¿Tiene él el poder que necesitas? Su poder es tuyo para ayudarte y fortalecerte, para que sometas a tus enemigos y para sostenerte para siempre.

¿Tiene él el amor que necesitas? No hay una sola gota de amor en su corazón que no te pertenezca, y puedes bucear en su inmenso océano de amor y afirmar: «¡Es todo mío!»

¿Tiene él la justicia que necesitas? Es posible que nos parezca un atributo poco agradable, pero también es tuyo. Y es esta misma justicia la que te asegurará que todo lo prometido en su pacto de gracia es ciertamente para ti.

También participas del deleite del Padre que era sobre él como hombre perfecto. El Dios Altísimo lo aceptó. Por tanto, querido creyente, la aceptación de Dios hacia Cristo es también tu aceptación. ¿Acaso no te das cuenta que el amor que el Padre derramó en el perfecto Cristo también te lo otorga a ti?

Todo lo que Cristo consiguió es tuyo. La perfecta rectitud que Jesús manifestó es tuya. A lo largo de su vida sin tacha obedeció la ley, la honró y ahora su rectitud se te confiere a ti.

Por medio del pacto, ¡Cristo es tuyo!

> Mi Dios, soy tuyo; ¡qué consuelo divino!
> ¡Qué bendición saber que el Salvador es mío!
> En el puro Cordero del cielo, mi gozo se ve triplicado
> Y mi corazón danza al son de su nombre.
>
> CHARLES WESLEY, 1707-1788

De la pluma de Jim Reimann:

¡Así es! ¡Cristo es tuyo! ¡Y puedes tener la certeza de que el futuro de tu herencia no depende de ti! Tienes «una herencia indestructible, incontaminada e inmarchitable. Tal herencia está reservada en el cielo para ustedes» (1 Pedro 1:4).

Prestemos atención a lo que este versículo *no dice*: «reservada en el cielo *por* ustedes». No, ¡está reservada *para* ustedes! Y el pasaje prosigue diciendo «a quienes el poder de Dios protege» (1 Pedro 1:5). Si sabemos esto, ¿a quién le temeremos?

«Así que podemos decir con toda confianza: "El Señor es quien me ayuda; no temeré. ¿Qué me puede hacer un simple mortal?"» (Hebreos 13:6). Y hacemos nuestras las palabras de la oración del apóstol Pedro:

> «¡Alabado sea Dios, Padre de nuestro Señor Jesucristo! Por su gran misericordia, nos ha hecho nacer de nuevo mediante la resurrección de Jesucristo, para que tengamos una esperanza viva»
> (1 PEDRO 1:3).

DÍA 3

Más bien, crezcan en la gracia y en el conocimiento
de nuestro Señor y Salvador Jesucristo.

2 Pedro 3:18

De la pluma de Charles Spurgeon:

«Crezcan en la gracia», no en *algo* de gracia sino en *toda* gracia. La raíz de toda gracia es la fe. Confía en las promesas de Dios con más firmeza que nunca. Deja que tu fe crezca en plenitud, firmeza y sencillez.

Crezcan también en amor. Pídele a Dios que extienda tu amor y lo haga más intenso y práctico al punto de influir en cada pensamiento, cada palabra y cada acción.

Crezcan también en humildad. Procura pasar inadvertido y reconoce plenamente que no eres nada. Al mismo tiempo que creces «hacia abajo» en humildad, también busca crecer «hacia arriba» donde pasarás momentos de mayor comunión con Dios por medio de la oración y disfrutarás de una intimidad más profunda con Jesucristo.

Que Dios el Espíritu Santo te capacite para crecer «en el conocimiento de nuestro Señor y Salvador». Si no creces en el conocimiento de Jesús, te estás negando a ser bendecido. Conocerlo es «vida eterna» (Juan 17:3) y crecer en el conocimiento de él es aumentar la felicidad. Si no anhelas conocer más a Cristo, entonces no lo has conocido todavía. Si has tomado un sorbo de este vino, desearás tomar más. Porque solo Cristo satisface, brinda tal satisfacción que tu apetito no se sacia sino que sencillamente se estimula.

Si conoces el amor de Jesús, «cual ciervo jadeante en busca de agua» (Salmo 42:1), también tu corazón sediento jadeará buscando tragos más profundos del pozo del amor de Dios. No obstante, si no deseas conocerlo mejor, es porque no lo amas porque el amor siempre clama: «¡Más cerca! ¡Más cerca!»

La ausencia de Cristo es el infierno, y la presencia de Jesús es el cielo. Nunca te detengas ni te conformes hasta que hayas logrado una intimidad cada vez mayor con Jesús. Procura saber más de él, conocer más de su naturaleza divina, de su humanidad, de su obra consumada, de su muerte, de su resurrección, de su siempre presente y gloriosa intercesión a nuestro favor, y de su futuro regreso como «Rey de reyes» (Apocalipsis 17:14).

Aférrate a la cruz de Cristo e indaga en los misterios de sus heridas. Un amor creciente por Jesús y una comprensión más acabada de su amor por nosotros es una de las mejores pruebas de una vida que verdaderamente experimenta crecimiento espiritual en gracia.

De la pluma de Jim Reimann:

Muchos de los que profesan ser cristianos carecen de una pasión por conocer a Jesús íntimamente, y tal como lo expresa Spurgeon: «Si no anhelas conocer más a Cristo, entonces todavía no lo has conocido». Pablo nos dice a los creyentes: «Pido que el Dios de nuestro Señor Jesucristo, el Padre glorioso, les dé el Espíritu de sabiduría y de revelación, *para que lo conozcan mejor*» (Efesios 1:17).

La salud espiritual implica estar en el camino de conocer mejor a Cristo, y uno de los maravillosos aspectos de andar con él es que descubriremos las insondables profundidades de su amor y de su gracia por siempre.

En efecto, lo que Pablo dice es que *conozcamos* algo que es en realidad imposible de llegar a conocer. «Y pido que … puedan comprender … cuán ancho y largo, alto y profundo es el amor de Cristo; en fin, *que conozcan ese amor que sobrepasa nuestro conocimiento*, para que sean llenos de la plenitud de Dios» (Efesios 3:17-19).

> *Padre, que pueda yo ser lleno del maravilloso conocimiento de tu Hijo; pero no según mi escasa medida humana sino según tu medida divina.*

DÍA 4

Depositen en él toda ansiedad, porque él cuida de ustedes.

1 Pedro 5:7

De la pluma de Charles Spurgeon:

No hay mejor manera de calmar la tristeza que saber que «Él cuida de mí». Amado creyente, no deshonres la fe cristiana exhibiendo siempre un ceño fruncido por la preocupación. En cambio, echa tu carga en el Señor. ¿Por qué te tambaleas siempre bajo un peso que tu Padre ni siquiera siente? Lo que a ti te parece una carga imposible de llevar, a él no le añade ni lo que pesa una mota de polvo. No hay nada tan deleitoso como:

> Descansar en las manos de Dios,
> Y conocer solo su voluntad.
>
> WILLIAM S. PLUMER, 1802-1880

Oh, hijo que sufres, sé paciente. Tu soberano Dios no te ha dejado de lado ni te ha olvidado. Aquel que alimenta los gorriones también te proveerá todo lo necesario. No te entregues al desánimo… ¡confía! ¡Confía eternamente! Usa las armas de la fe contra los vendavales de problemas y al final tus enemigos serán vencidos y acabará tu sufrimiento.

Hay Uno que te cuida. Sus ojos están fijos en ti, su corazón se conduele por tu sufrimiento y su mano omnipotente no dejará de brindarte ayuda. Incluso la más oscura nube de tormenta se derramará en lluvias de misericordia y la más oscura noche dará paso al sol de la mañana.

Si eres miembro de su divina familia, él vendará tus heridas y sanará tu corazón herido. Nunca pongas en duda la gracia de Dios por causa de los problemas que hay en tu vida, sino cree que él te ama muchísimo, tanto en momentos de dificultad como en los momentos felices.

¡Qué tranquila y pacífica sería tu vida si tan solo le dejaras al Dios de la providencia la tarea de proveedor! Con tan solo «un puñado de harina en la tinaja y un poco de aceite en el jarro» (1 Reyes 17:12), Elías sobrevivió la hambruna ¡y tú harás lo mismo!

Si Dios cuida de ti, ¿por qué vas a preocuparte? Si confías en él con toda tu alma, ¿acaso no puedes confiar con tu cuerpo? Él jamás se ha negado a llevar tus cargas, ni tampoco ha desmayado bajo su peso.

¡Vamos, hermano amado! Basta ya de inquietarse y preocuparse... deja todas tus preocupaciones en las manos de tu Dios, que está lleno de gracia.

De la pluma de Jim Reimann:

El temor y la preocupación son pecados, no obstante, por lo general los consideramos sencillamente inevitables y entonces los toleramos en nuestra vida. Pablo dijo: «Todo lo que no proviene de fe, es pecado» (Romanos 14:23, RVR 1995). Sin embargo, por la Palabra descubrimos que la fe puede coexistir con algo de duda. Si no piensa en el hombre que trajo a su hijo a Jesús para que fuera sanado diciendo: «¡Sí creo! ... ¡Ayúdame en mi poca fe!» (Marcos 9:24).

Qué magnífica selección de palabras, dado que ese pedido de ayuda fue hecho a Aquel que dijo: «En este mundo afrontarán aflicciones, pero ¡anímense! Yo he vencido al mundo» (Juan 16:33).

Padre, te doy gracias porque «en todo esto somos más que vencedores por medio de aquél que nos amó» (Romanos 8:37). Gracias porque nosotros, por tu intermedio, somos tu pueblo, conformamos un ejército de «vencedores».

DÍA 5

Así estará sobre la frente de Aarón, y llevará Aarón las
faltas cometidas por los hijos de Israel en todas las cosas
santas, en todas las santas ofrendas que hayan consagrado.

Éxodo 28:38, RVR 1995

De la pluma de Charles Spurgeon:

¡Qué gran significado se devela y se revela en estas palabras! Sería
provechoso aunque humillante, hacer una pausa por un momento y
considerar este triste panorama. Las «faltas cometidas» en nuestra
adoración pública (la hipocresía, la formalidad, el desinterés, la irre-
verencia, nuestro corazón errante y nuestro olvido de Dios) ¡resultan
abrumadoras! Nuestra labor para Dios (la falta de esfuerzo, el egoísmo,
la falta de cuidado, la desidia y la incredulidad) ¡es masa podrida!
Nuestros tiempos de devoción personal (la laxitud, la frialdad, la
negligencia, el letargo y la vanidad) ¡son un montón de tierra inerte! Y
si nos fijamos con mayor cuidado, descubriremos que esta culpa será
mucho mayor de lo que parece a primera vista.

El Dr. Edward Payson (1783-1827), en una carta a su hermano, escribió: «Mi parroquia y mi corazón se parecen al jardín de un holgazán.
Lo que es peor, descubro que muchos de mis deseos por remediar la
situación surgen de mi propio orgullo, vanidad o pereza. Observo
que las malezas invaden mi jardín y sencillamente lanzo un suspiro
de anhelo de que sean erradicadas. Pero, ¿por qué? ¿Qué es lo que
impulsa mi deseo? Quizás sea para que pueda decirme que tengo un
jardín ordenado. ¡Eso sería orgullo! O quizás sea porque deseo que
mis vecinos miren por encima de la cerca y comenten qué florecido
está mi jardín. ¡Eso sería vanidad! Quizás deseo la destrucción de las
malezas porque estoy cansado de estarlas quitando. ¡Eso sería pereza!»

Lo cierto es que aun nuestros deseos de santidad pueden estar contaminados de motivos equivocados. Aun debajo del más verde pasto están ocultas las lombrices y para descubrirlas no necesitamos observar demasiado.

Sin embargo, qué alentador es el pensamiento de que cuando nuestro Sumo sacerdote lleve «las faltas cometidas ... en todas las cosas santas» también llevará sobre su frente las palabras: «Santidad a Jehová» (v. 26, RVR 1995). Aunque Jesús cargó con nuestro pecado, él no presentó nuestra falta de santidad ante el rostro del Padre sino su propia santidad.

¡Que por gracia podamos ver a nuestro gran Sumo sacerdote por medio de los ojos de la fe!

De la pluma de Jim Reimann:

Alabado sea el Señor porque los creyentes reciben la santidad de Cristo y están revestidos de su justicia y no de la nuestra porque «todos nuestros actos de justicia son como trapos de inmundicia» (Isaías 64:6).

«Me deleito mucho en el SEÑOR; me regocijo en mi Dios. Porque él me vistió con ropas de salvación y me cubrió con el manto de la justicia. Soy semejante a un novio que luce su diadema, o una novia adornada con sus joyas» (Isaías 61:10).

Recuerda, hermano, que «se han acercado a Dios, el juez de todos; a los espíritus de los justos que han llegado a la perfección; a Jesús, el mediador de un nuevo pacto; y a la sangre rociada, que habla con más fuerza que la de Abel» (Hebreos 12:23-24).

Padre celestial, danos ojos celestiales para ver a nuestro perfecto Salvador, el único que «puede salvar por completo a los que por medio de él se acercan a Dios, ya que vive siempre para interceder por ellos. Nos convenía tener un sumo sacerdote así: santo, irreprochable, puro, apartado de los pecadores y exaltado sobre los cielos» (Hebreos 7:25-26). ¡Gracias por él!

DÍA 6

SEÑOR y Dios ... Cumple tu palabra.

2 Samuel 7:25

De la pluma de Charles Spurgeon:

Las promesas de Dios jamás han sido para dejarse de lado como si fueran para desechar: él quiere que las usemos. Su oro no es la moneda de un avaro: él quiere que lo usemos en el comercio. Nada agrada más a nuestro Señor que vernos poner sus promesas en circulación. Le encanta ver que sus hijos se ofrecen a él mientras dicen: «SEÑOR y Dios ... Cumple tu palabra».

Glorificamos a Dios cuando de todo corazón le requerimos sus promesas. ¿En serio crees que Dios será más pobre por darte las riquezas prometidas? ¿En realidad supones que él será menos santo por otorgarte su santidad? ¿De alguna manera imaginas que él será menos puro luego de limpiar tus pecados?

El Señor dice: «Vengan, pongamos las cosas en claro ... ¿Son sus pecados como escarlata? ¡Quedarán blancos como la nieve! ¿Son rojos como la púrpura? ¡Quedarán como la lana!» (Isaías 1:18). La verdadera fe se aferra a la promesa divina de perdón sin demoras y no dice: *Es una hermosa promesa, me pregunto si será verdad*. En cambio, toma la promesa directamente del trono de Dios y suplica: «Señor, aquí está lo que dijiste. "Cumple tu palabra"». Entonces él responde: «Que se cumpla lo que quieres» (Mateo 15:28). Cuando un cristiano se aferra a una promesa pero no la lleva ante Dios, lo está deshonrando. No obstante, cuando de inmediato acude al trono de Dios y clama: «No tengo razones para pedirte esto, excepto que es lo que dijiste», entonces su deseo está otorgado.

Nuestro banquero celestial se deleita en hacer efectivos sus propios cheques, por lo tanto, jamás dejes que sus promesas se herrumbren.

Saca su Palabra de promesa de la vaina y úsala con una intensa y santa fuerza. Jamás pienses que Dios se sentirá molesto o cargado cuando tú le recuerdes sus promesas. Él disfruta escuchar el fuerte reclamo del alma necesitada, porque se deleita sobremanera en derramar sus bendiciones sobre ellos.

Es más, él siempre está más dispuesto a escuchar de lo que estamos nosotros a pedir. Del mismo modo que el sol jamás se cansa de brillar, ni un arroyo de fluir, la naturaleza de Dios es cumplir sus promesas. Por lo tanto, acude de inmediato a su trono y dile: «Cumple tus promesas».

De la pluma de Jim Reimann:

Para poder presentar ante Dios sus promesas en oración, primero debemos conocerlas. ¡Pero cuántos descuidamos su Palabra! ¡Cuántos de nosotros, incluso cristianos desde hace mucho tiempo, no profundizamos en su Palabra para extraer esas pepitas de oro a las que Spurgeon denomina monedas de comercio! Ahondar más profundo requiere un fuerte compromiso y una constante disciplina, y como todo lo demás en nuestra vida espiritual, no será sencillo. Sin embargo, pagará dividendos eternos de gran valor.

Ustedes bien saben que ninguna de las buenas promesas del Señor su Dios ha dejado de cumplirse al pie de la letra. Todas se han hecho realidad, pues él no ha faltado a ninguna de ellas.

Josué 23:14

Mediten bien en todo lo que les he declarado solemnemente este día ... Porque no son palabras vanas para ustedes, sino que de ellas depende su vida.

Deuteronomio 32:46-47

Padre, perdóname por descuidar tu Palabra. Como tu Palabra es mi vida, por favor, agudiza hoy mi deseo por ella. «Abres la mano y sacias con tus favores a todo ser viviente» (Salmo 145:16).

DÍA 7

Lo busqué, mas no lo hallé.

Cantares 3:1, RVR 1995

De la pluma de Charles Spurgeon:

Dime exactamente dónde perdiste tu comunión con Cristo y te diré dónde podrías redescubrirlo. ¿Lo dejaste en el clóset, en lo que consideraste que era una oración sin respuesta? Entonces tu clóset de oración es donde debes buscarlo. ¿Acaso perdiste la comunión con Cristo por culpa del pecado? Entonces la única manera de encontrarlo es abandonar tu pecado y requisar con la ayuda del Espíritu Santo cualquier aspecto de tu vida o tu cuerpo en los que todavía permanezca la lujuria por el pecado. ¿Dejaste a Cristo por desatender las Escrituras? Entonces debes hallarlo en las Escrituras.

El dicho: «Busca lo perdido donde lo hayas perdido porque allí estará» también se aplica en este caso. Por eso, busca a Cristo donde lo hayas dejado, porque él no se ha movido de allí. No obstante, volver en busca de Cristo requiere esforzarse. En *El progreso del peregrino*, John Bunyan (1628-1688) nos relata que el peregrino descubre que el camino más difícil por el cual transitó es el de regreso a la glorieta de la colina donde se le había caído el pergamino. Viajar treinta kilómetros hacia adelante siempre será más sencillo que tener que regresar aunque solo sea un par de kilómetros. Por lo tanto, una vez que descubres a tu Maestro, tienes que ser muy cuidadoso. Debes aferrarte a él.

De nuevo, ¿cómo perdiste tu comunión con Cristo? Uno podría pensar que jamás te separarías de semejante Amigo, cuya presencia es tan dulce, cuyas palabras son tan consoladoras y cuya comunión es tan valiosa. ¿Cómo es posible que no hayas mantenido tus ojos fijos en él a cada segundo, por miedo a perderlo de vista?

Aunque lo hayas dejado partir, qué gran misericordia es que ahora lo estés buscando aunque suspires con dolor: «¡Si supiera dónde hallar-lo!» Sigue buscando, porque solo tú sabes cuán peligroso es estar sin la comunión de tu Señor. Sin Cristo eres como una oveja sin pastor, como un árbol sin agua para sus raíces o como una hoja seca y marchita que se lleva un huracán. Te sientes separado del alimento del Árbol de Vida.

Búscalo de todo corazón y lo hallarás. Recuerda que debes someter-te por completo a la búsqueda y, al final, con total certeza, lo hallarás para que continúe siendo tu verdadero gozo y deleite.

De la pluma de Jim Reimann:

Un buen ejemplo de los pensamientos de Spurgeon de este día es lo que el Señor le dijo a Israel a través del profeta Jeremías durante el cautiverio en Babilonia. Recuerda que, por supuesto, el cautiverio fue el resultado directo de su desobediencia.

«"Porque yo sé muy bien los planes que tengo para ustedes —afirma el SEÑOR—, planes de bienestar y no de calamidad, a fin de darles un futuro y una esperanza. Entonces ustedes me invocarán, y vendrán a suplicarme, y yo los escucharé. Me buscarán y me encontrarán, cuando me busquen de todo corazón. Me dejaré encontrar —afirma el SEÑOR—, y los haré volver del cautiverio. Yo los reuniré de todas las naciones y de todos los lugares adonde los haya dispersado, y los haré volver al lugar del cual los deporté", afirma el SEÑOR» (Jeremías 29:11-14).

¡Qué Dios tan lleno de gracia tenemos! Siempre está dispuesto a dar la bienvenida a sus hijos descarriados; pero debemos volver en humildad y arrepentimiento.

«Como te has conmovido y humillado ante el SEÑOR al escuchar lo que he anunciado contra este lugar y sus habitantes, que serían asolados y malditos; y como te has rasgado las vestiduras y has llorado en mi presencia, yo te he escuchado. Yo, el SEÑOR, lo afirmo»

(2 REYES 22:19).

DÍA 8

De la pluma de Charles Spurgeon:

El pueblo de Dios son sus hijos por partida doble: son de la familia por creación y son sus hijos por la adopción en Cristo. Por lo tanto, tienen el privilegio de dirigirse a Dios diciendo: «Padre nuestro que estás en el cielo» (Mateo 6:9). *Padre*. ¡Qué palabra tan preciosa!

La misma palabra tiene autoridad. Sin embargo, «si yo soy tu Padre, ¿dónde está mi honor? Si ustedes son mis hijos, ¿dónde está su obediencia?» El término Padre mezcla afecto con autoridad, una autoridad que no evoca rebelión sino una autoridad que exige una obediencia que se manifiesta alegremente y no se retendrá aunque fuera posible. La obediencia que los hijos de Dios deben rendirle debe ser una obediencia en amor.

No encares el servicio al Señor como un esclavo que simplemente hace la tarea encomendada, sino sigue el sendero de sus mandamientos porque es el camino de tu Padre. «Presentando los miembros de su cuerpo como instrumentos de justicia» (Romanos 6:13) porque la justicia es la voluntad de tu Padre y su voluntad será también la voluntad de sus hijos.

¡Padre! La palabra denota un atributo digno de un rey. Sin embargo, está tan dulcemente velada por el amor que la corona del Rey pasa al olvido al contemplar su rostro, y su cetro no es una barra de hierro sino de plata, es un cetro de misericordia. Es más, este cetro parece estar como olvidado en la tierna mano del que lo sostiene.

¡Padre! En este término encontramos honor y amor. ¡Cuán grande es el amor de un padre por sus hijos! Ni la palabra *amistad*, ni el término *bondad* podrían aproximarse a expresar lo que el corazón y las manos de un padre pueden hacer por su hijo. Son su propia simiente (él debe bendecirlos); son sus hijos (él debe manifestar su fuerza al defenderlos). Si un padre terrenal cuida a sus hijos con un amor y atención incesantes, ¿cuánto más lo demuestra nuestro Padre celestial?

«¡*Abba*! ¡Padre!» (Romanos 8:15). Cualquiera que haya musitado tales palabras habrá expresado la música más dulce que los querubines y serafines podrían haber cantado. El cielo se halla en la profundidad de aquella palabra: ¡*Padre*! Esta encierra todo lo que yo podría pedir, lo que mis necesidades podrían solicitar y todo lo que mi corazón podría anhelar.

Tengo el *todo* de todo, por *toda* la eternidad, cuando puedo decir: «Padre».

De la pluma de Jim Reimann:

Es una pena que sean tantos los que jamás experimentaron lo que es tener un padre terrenal o un padre celestial. Vivimos en una época en que un gran porcentaje de niños nacen de madres solas, una época que desvaloriza enormemente la importancia de que haya un padre en el hogar. Sin embargo, la relación con un padre terrenal es una de las primeras formas de aprender a relacionarnos con nuestro Padre celestial.

Querido creyente, sea que tengas o no la bendición de una relación cercana con un padre terrenal (o no tengas padre directamente), hay un Padre celestial que es capaz de ser tu «todo en todos» (1 Corintios 15:28), capaz de suplir todas tus necesidades. Y este «Padre sabe lo que necesitan antes de que se lo pidan» (Mateo 6:8).

Padre celestial, te doy gracias por ser quien eres y porque deseas tener una relación íntima conmigo. Profundiza mi deseo de conocerte mejor. Esa es mi oración.

«No cesamos de orar por vosotros ... Así podréis andar como es digno del Señor, agradándolo en todo ... y creciendo en el conocimiento de Dios» (Colosenses 1:9,10, RVR 1995).

DÍA 9

Cantarán de los caminos de Jehová.

Salmo 138:5, RVR 1995

De la pluma de Charles Spurgeon:

Los cristianos comienzan a cantar «de los caminos de Jehová» cuando por primera vez dejan caer sus cargas a los pies de la cruz. Ni siquiera las canciones de los ángeles se escuchan tan dulces como aquella primera canción de éxtasis que sale a borbotones desde lo más profundo del alma de un hijo que Dios ha perdonado. En *El progreso del peregrino*, John Bunyan (1628-1688) expresa que cuando el pobre peregrino dejó su carga en la cruz, dio tres saltos gigantes y luego siguió su camino cantando:

¡Bendita cruz! ¡Bendita sepultura!
¡Más bien bendito el que murió por mí!

Querido creyente, ¿recuerdas el día en que cayeron tus grillos? ¿Recuerdas el lugar donde Jesús se encontró contigo y dijo: «Con amor eterno te he amado» (Jeremías 31:3); «He disipado tus transgresiones como el rocío, y tus pecados como la bruma de la mañana» (Isaías 44:22) y «ninguna de las transgresiones que [cometiste te] será recordada» (Ezequiel 18:22, RVR 1995)?

¡Oh, qué dulce día es este cuando Jesús quita el dolor del pecado! Sentí tanto gozo cuando el Señor perdonó mi pecado por primera vez, que no pude evitar danzar. De camino a mi hogar desde la casa donde fui liberado, hasta deseaba contarle a las piedras del camino la historia de mi liberación. Mi alma estaba tan llena de gozo que a cada copo de nieve que caía del cielo yo quería hablarle del maravilloso amor de Jesús, quien había quitado los pecados de un rebelde tan terrible.

Sin embargo, no es solo al inicio de la vida cristiana que el creyente tiene razones para cantar. A medida que transcurre la vida descubre nuevas razones para cantar «de los caminos de Jehová». Y a medida que experimentan su amor constante, son llevados a proclamar: «Bendeciré al SEÑOR en todo tiempo; mis labios siempre lo alabarán» (Salmo 34:1).

Oh, hermanos ¡hoy mismo «engrandezcan al SEÑOR conmigo»! (Salmo 34:3).

> Mientras avanzamos por esta tierra desértica
> Las nuevas misericordias producirán una nueva canción.
>
> PHILIP DODDRIDGE, 1702-1751

De la pluma de Jim Reimann:

Sin dudas, el rey David no era un recién convertido cuando «se puso a bailar ante el SEÑOR con gran entusiasmo» (2 Samuel 6:14). Él se regocijó «cuando el Arca de Jehová llegaba a la ciudad de David» (v. 16, RVR 1995) luego de una larga ausencia. Y no dejó de hacerlo aunque ese fue el motivo por el cual su esposa Mical «sintió por él un profundo desprecio» (v. 16). Él explicó que danzaba ante el «SEÑOR» y luego prosiguió diciendo: «seguiré bailando en presencia del SEÑOR» (v. 21).

Fue David quien escribió nuestro versículo de hoy: «Cantarán de los caminos de Jehová». El mismo salmo también expresa: «SEÑOR, quiero alabarte de todo corazón, y cantarte salmos delante de los dioses. Quiero inclinarme hacia tu santo templo y alabar tu nombre por tu gran amor y fidelidad» (Salmo 138:1-2). Presta atención a las palabras decididas de David.

Padre, que yo tenga la misma actitud de David, para alabarte «con gran entusiasmo» y «de todo corazón», no importa lo que los demás puedan pensar.

Voy a invocar «al SEÑOR, que es digno de alabanza» (Salmo 18:3).

DÍA 10

Oren ... y perseveren en oración.

Efesios 6:18

De la pluma de Charles Spurgeon:

¡Qué gran cantidad de oraciones hemos pronunciado desde el momento en que aprendimos a orar! Nuestra primera oración fue por nosotros mismos, pidiéndole a Dios que tuviera misericordia de nosotros y borrara nuestro pecado. Por supuesto, él escuchó esa oración, pero luego de disipar los pecados que nos cubrían como una nube, tuvimos más oraciones por nosotros mismos.

Hemos orado por gracia santificadora, por la gracia del dominio propio, por un renovado convencimiento de fe, para que las promesas de Dios se apliquen a nuestra vida, por liberación en momentos de tentación, por poder en tiempos de guerra espiritual y por ayuda y alivio en los momentos de prueba. Nos hemos visto impulsados a ir a Dios como mendigos por nuestra alma necesitada, pidiendo de manera constante por todo.

Querido hijo de Dios, da testimonio de que jamás has sido capaz de obtener algo para tu alma excepto a través de él. Todo el pan que tu alma comió ha venido desde el cielo, y toda el agua espiritual que ha disfrutado fluyó desde la Roca viva: Jesucristo el Señor. Tu alma jamás se enriqueció sola sino que ha sido dependiente de la prodigalidad diaria de Dios. Como resultado, tus oraciones han sido elevadas al cielo por toda una gama de bendiciones espirituales.

Tus deseos son incontables pero la capacidad de Dios para suplirlos es infinita. Tus oraciones han sido tan variadas como infinitas han sido sus bendiciones. ¿Acaso no tienes razones para decir: «Bendito sea el Señor, que ha oído mi voz suplicante» (Salmo 28:6), porque aunque tus oraciones han sido numerosas, también lo han sido las respuestas de Dios? Él te ha escuchado «en el día de la angustia» (Salmo 50:15) y te ha fortalecido y ayudado aunque lo has deshonrado temblando y dudando ante su «propiciatorio» (Éxodo 25:17).

Recuerda esto y permite que llene tu corazón con gratitud a Dios que ha escuchado en su infinita gracia tus pobres y débiles oraciones. «Alaba, alma mía, al SEÑOR, y no olvides ninguno de sus beneficios» (Salmo 103:2).

De la pluma de Jim Reimann:

Nuestro Señor es un Dios generoso, que nunca dosifica sus bendiciones poco a poco ni reserva sus mayores bendiciones para después. No, él derrama con generosidad sus bendiciones sobre sus hijos. Considera los muchos regalos derramados sobre nosotros en los versículos que siguen:

> En él tenemos la redención mediante su sangre, el perdón de nuestros pecados, conforme a las riquezas de la gracia que Dios nos dio en abundancia con toda sabiduría y entendimiento.
>
> EFESIOS 1:7-8

> ¡Fíjense qué gran amor nos ha dado el Padre, que se nos llame hijos de Dios!
>
> 1 JUAN 3:1

Redención, perdón, gracia, sabiduría, entendimiento y amor han sido derramados en nosotros.

Después de todo, «el que no escatimó ni a su propio Hijo, sino que lo entregó por todos nosotros, ¿cómo no habrá de darnos generosamente, junto con él, todas las cosas?» (Romanos 8:32).

Señor, gracias por tu Hijo y por todas las bendiciones que tenemos por estar en él. Que mi corazón se llene de gratitud al considerar tu generosidad.

DÍA 11

Reconocieron que habían estado con Jesús.

Hechos 4:13

De la pluma de Charles Spurgeon:

Un cristiano debiera tener un asombroso parecido con Jesucristo. Sin dudas, has leído libros sobre la vida de Cristo que se han escrito hermosa y elocuentemente, pero la mejor vida de Cristo es su biografía viva, escrita en las palabras y las acciones de su pueblo. Si fuéramos lo que decimos ser y lo que en realidad deberíamos ser, seríamos imágenes perfectas de Cristo. Tendríamos un parecido tan asombroso a él que el mundo no tendría que escudriñarnos durante mucho tiempo para luego decir: «Bien, se parece *en algo* a él».

¡No! Apenas nos vean, exclamarán: «¡Han "estado con Jesús"! Él los ha enseñado y son como él. Son la personificación del santo hombre de Nazaret que transmite su propia vida en la de ellos y en sus acciones cotidianas».

Como cristiano, debes ser valiente y atrevido como Cristo, sin que jamás te sientas avergonzado de tu fe porque tu profesión de fe en él jamás te deshonrará. Debes imitar a Cristo y manifestar un espíritu amoroso, teniendo pensamientos, expresiones y acciones agradables para que la gente diga de ti que has «estado con Jesús».

También imita a Cristo en su santidad. Piensa en el celo que él tiene por su Maestro y luego imita a tu Maestro haciendo siempre el bien, sin desperdiciar jamás el tiempo, porque el tiempo es demasiado precioso para desperdiciarlo. ¿Acaso Cristo se negó a sí mismo? Haz tú lo mismo. ¿Fue ferviente en su devoción al Padre? Entonces sé ferviente en tus oraciones. ¿Se sometía a la voluntad de su Padre? Sométete entonces a él. ¿Fue paciente? Aprende a soportar.

Pero para reflejar la mayor característica de Cristo, anímate a perdonar a tus enemigos como él lo hizo. Permite que estas gloriosas palabras de tu Maestro resuenen para siempre en tus oídos: «Padre, perdónalos, porque no saben lo que hacen» (Lucas 23:34, RVR 1995). Perdona como tú esperas ser perdonado (ver Mateo 6:14) y «amontonarás brasas» (Proverbios 25:22, LBLA) en la cabeza de tu enemigo al manifestarle amabilidad. Recuerda: pagar bien por mal es divino (ver Romanos 12:17). Así que, sé divino.

En todo sentido, vive la vida para que todos digan de ti que has «estado con Jesús».

De la pluma de Jim Reimann:

Hay una trampa muy común que es decir: «Mi vida es un testimonio». Pero con demasiada frecuencia los que dicen esto jamás hablan de su fe, creyendo que es suficiente con llevar una vida de relativa santidad. Sin embargo, Jesús no *era* solamente el Verbo, la Palabra… sino que ¡la proclamaba!

> Todo el día *proclamará mi boca* tu justicia y tu salvación, aunque es algo que no alcanzo a descifrar. Soberano SEÑOR, *relataré* tus obras poderosas, y haré memoria de tu justicia, de tu justicia solamente. Tú, oh Dios, me enseñaste desde mi juventud, y aún hoy *anuncio* todos tus prodigios. Aun cuando sea yo anciano y peine canas, no me abandones, oh Dios, hasta que *anuncie* tu poder a la generación venidera, y *dé a conocer* tus proezas a los que aún no han nacido.
>
> SALMO 71:15-18

Padre, te agradezco porque al final seré «[transformado] según la imagen de [tu] Hijo» (Romanos 8:29), *pero que jamás dude en proclamar* «todo el propósito de Dios» (Hechos 20:27) *y anunciar* «de día en día [tu] salvación» (Salmo 96:2, RV95).

DÍA 12

¡Fíjense qué gran amor nos ha dado el Padre, que se
nos llame hijos de Dios! ¡Y lo somos! El mundo no
nos conoce, precisamente porque no lo conoció a él.
Queridos hermanos, ahora somos hijos de Dios.

1 Juan 3:1-2

De la pluma de Charles Spurgeon:

«¡Qué gran amor nos ha dado el Padre!» Si consideramos lo que éramos
y cómo nos sentimos incluso ahora cuando el pecado sigue teniendo
tanto poder sobre nosotros, te asombrarás de haber sido adoptado. Sin
embargo, somos llamados «hijos de Dios». ¡Qué fabulosa relación la de
ser hijos y cuántos privilegios otorga! Tan solo piensa en el cuidado y
la ternura que un niño espera de su padre y qué amor el padre siente
hacia su hijo.

Y todo eso, y más aun, es lo que tenemos por medio de Cristo. Incluso la desventaja temporaria de esta vida (el sufrimiento que compartimos con nuestro Hermano mayor) la aceptamos como un honor.
«El mundo no nos conoce, precisamente porque no lo conoció a él».
Estamos dispuestos a ser desconocidos mientras que participamos en
su humillación, porque un día seremos exaltados con él.

«Queridos hermanos, ahora somos hijos de Dios». Estas palabras
son fáciles de leer pero no son tan sencillas de sentir. ¿Qué sientes
esta mañana en lo profundo de tu corazón? ¿Acaso estás en las más
profundas oscuridades de la tristeza? ¿Los pecados pasados parecen
levantarse dentro de ti y la gracia apenas parece ser una chispa aplastada y pisoteada? ¿Sientes que te falta la fe? No temas. No es confiando
en tus dones, tus talentos y tus sentimientos que vivirás; debes vivir
solo por fe en Cristo. Con todas estas cosas en nuestra contra, estemos
en las mayores profundidades de nuestra tristeza o estemos en el valle

o quizás en la cima de la montaña, «queridos hermanos, ahora somos hijos de Dios».

Sin embargo, tú dices: «¡Tan solo mírame! ¡Estoy destruido! No estoy usando mis talentos y mi justicia no brilla con la gloria de Dios». Entonces, sigue leyendo lo de esta mañana: «Todavía no se ha manifestado lo que habremos de ser. Sabemos, sin embargo, que cuando Cristo venga seremos semejantes a él» (v. 2). El Espíritu Santo purificará nuestra mente y su divino poder perfeccionará nuestro cuerpo y luego: «Lo veremos tal como él es» (v. 2).

De la pluma de Jim Reimann:

Sí, cuando Jesús regrese a buscarnos «lo veremos tal como él es» y «seremos semejantes a él». Nuestro amoroso Señor está en el proceso de perfeccionarnos o santificarnos, pero desea que participemos activamente, por eso Pablo nos instruye: «Así que, mis queridos hermanos, como han obedecido siempre —no solo en mi presencia sino mucho más ahora en mi ausencia— lleven a cabo su salvación con temor y temblor, pues Dios es quien produce en ustedes tanto el querer como el hacer para que se cumpla su buena voluntad» (Filipenses 2:12-13).

El camino hacia nuestra completa santificación a veces es difícil, pero Dios termina lo que comienza y nos dice en su Palabra que él ha llevado la carga de acabar la tarea, porque Pablo dijo: «Que Dios mismo, el Dios de paz, los santifique por completo, y conserve todo su ser —espíritu, alma y cuerpo— irreprochable para la venida de nuestro Señor Jesucristo. El que los llama es fiel, *y así lo hará*» (1 Tesalonicenses 5:23-24).

Padre, quiero que me abras «las puertas de la justicia para que entre yo a dar gracias al Señor» (Salmo 118:19).

DÍA 13

Durante toda su vida Joaquín gozó de una
pensión diaria que le proveía el rey.

2 Reyes 25:30

De la pluma de Charles Spurgeon:

Joaquín no salió del palacio del rey con una provisión de mercaderías para varios meses, sino que le dieron su parte «diaria». En esta historia se nos muestra la bendita posición de todo el pueblo del Señor. Una porción diaria es todo lo que realmente necesitamos. No necesitamos la porción de mañana, porque ese día no ha llegado y las necesidades todavía no se han presentado. No es necesario que saciemos ahora la sed que experimentaremos el mes próximo, dado que todavía no la sentimos. Jamás estaremos en necesidad, si a medida que llega cada día tenemos lo suficiente para suplir nuestras necesidades «diarias».

Lo necesario para cada día es lo único que podemos disfrutar. No podemos comer ni beber ni vestirnos con más de lo necesario para el día, ni qué decir acerca del problema que nos ocasiona tener un excedente al que le debemos buscar un espacio para guardarlo y que nos proporciona la ansiedad que genera la necesidad de protegerlo de los ladrones. Una vara o un bastón ayuda al que practica senderismo pero tratar de llevar una brazada de ellos es una carga.

Tener suficiente alimento es en realidad tan bueno como un gran festín y, a decir verdad, es lo único que puede disfrutar el peor de los glotones. Es todo lo que deberíamos esperar, y tener deseos de más nos expone a la ingratitud. Si nuestro Padre no nos da más, debemos estar contentos con nuestra cuota diaria.

La historia de Joaquín también es nuestra historia porque tenemos una provisión garantizada que nos da nuestro Rey. Es una porción generosa y perpetua. Sin duda alguna es una gran razón para estar agradecidos.

Querido lector cristiano, en cuanto a la necesidad de gracia, sencillamente necesitas una porción diaria. ¿Experimentas falta de fuerzas para esta semana? Entonces busca la ayuda «diaria» de arriba. ¡Qué agradable seguridad es saber que cada día se nos dará lo que necesitamos! Tus fuerzas se renovarán a través de la Palabra de Dios, el servicio a él, la meditación, la oración y saber esperar en él. En Jesús, todo lo que vayas a necesitar ya está «[reservado] para ustedes» (Colosenses 1:5).

Por lo tanto, disfruta de tu «pensión diaria». Jamás te quedes con hambre mientras el pan diario de la gracia esté sobre la mesa de la misericordia de Dios.

De la pluma de Jim Reimann:

El terreno hacia el este de Jerusalén cambia de manera brusca. Jerusalén está emplazada donde recibe buena provisión de humedad desde el Mediterráneo, pero poco pasa más allá del monte de los Olivos. Por tanto, las condiciones desérticas se presentan desde la pendiente oriental hasta el mar Muerto y más allá.

Los beduinos de la región han aprendido a pastorear a sus ovejas temprano en la mañana. Durante la noche, la humedad permite que aparezcan pequeños manchones de pasto en las montañas, suficiente para un día. A la tarde «la hierba se seca» (Isaías 40:7).

David, el pastor de Belén, escribió: «En verdes pastos me hace descansar» (Salmo 23:2), y como Belén presenta las mismas características, estos «verdes pastos» debieron de parecerse a los pequeños manchones de yerba que servirán solo por un día y que su Señor proveía.

Pastor celestial, gracias por tu fidelidad para darnos «cada día nuestro pan cotidiano» (Lucas 11:3).

DÍA 14
Dios ha dicho…

Hebreos 13:5

De la pluma de Charles Spurgeon:

Si tan solo pudiéramos tomar estas palabras por fe, tendríamos un arma de conquista en nuestras manos. ¿Qué duda no se destruiría con esta espada de dos filos? ¿Qué temor no terminaría por caerse víctima de la herida mortal que le infligió una flecha del arco de las promesas de Dios?

¿Acaso los problemas de esta vida, el dolor de la muerte, nuestros pecados secretos y ocultos, las trampas de Satanás, las pruebas venidas de lo alto y las tentaciones enviadas desde abajo no parecerán todos «sufrimientos ligeros y efímeros» (2 Corintios 4:17) cuando nos protegemos bajo la fortaleza de: «Dios ha dicho»? Sí, ya sea por el propósito del deleite lleno de gozo en momentos de quietud o por la fortaleza en medio del conflicto, debemos hallar nuestro diario refugio en las palabras: «Dios ha dicho». Que esto pueda enseñarnos cuán importante es estudiar «con diligencia las Escrituras» (Juan 5:39).

Es más, en la Palabra de Dios debiera de haber una promesa que se adaptara perfectamente a tu situación, pero si no la conocieras, te perderías el consuelo que esta podría brindar. Es posible que en algunas ocasiones te sientas como un prisionero encarcelado con un manojo de llaves, sabiendo que una de esas llaves puede abrir el cerrojo y conducirte a la libertad. Sin embargo, permaneces encerrado porque te niegas a buscar esa llave, mientras que durante todo ese tiempo la libertad está en tus manos.

La medicina más perfecta y poderosa para tu curación puede estar en la amplia farmacia de las Escrituras, pero seguirás enfermo si no examinas y estudias «con diligencia las Escrituras» para descubrir lo que «Dios ha dicho». Además de solo leer la Biblia, ¿no deberías llenar continuamente tu memoria con las promesas de Dios? Es posible que recuerdes los dichos de grandes hombres y sepas de memoria versos de poetas famosos pero, ¿no deberías ser hábil en tu conocimiento de las palabras de Dios? ¿No deberías ser capaz de citarlas con rapidez cuando tienes una dificultad que resolver o cuando necesitas superar una duda?

Dado que la frase: «Dios ha dicho» es la fuente de toda sabiduría y la fuente de todo consuelo, decide que habite en ti como «un manantial del que brotará vida eterna» (Juan 4:14). Entonces crecerás saludable, fuerte y feliz en tu vida cristiana.

De la pluma de Jim Reimann:

Muchas personas no se dan cuenta del tremendo poder que hay en la Palabra de Dios. «El Padre ... no cambia» (Santiago 1:17), tampoco su Palabra; ¡pero su Palabra transforma vidas! Es más, es lo que nos da vida espiritual, porque «por su propia voluntad nos hizo nacer *mediante la palabra de verdad*» (Santiago 1:18).

«La palabra de Dios es viva y poderosa, y más cortante que cualquier espada de dos filos. Penetra hasta lo más profundo del alma y del espíritu, hasta la médula de los huesos, y juzga los pensamientos y las intenciones del corazón» (Hebreos 4:12). Sin embargo, para tener acceso al poder de la Palabra, debemos conocerla. El Señor le dijo a Moisés: «Grábate en el corazón estas palabras que hoy te mando. Incúlcaselas continuamente a tus hijos. Háblales de ellas cuando estés en tu casa y cuando vayas por el camino, cuando te acuestes y cuando te levantes. Átalas a tus manos como un signo; llévalas en tu frente como una marca; escríbelas en los postes de tu casa y en los portones de tus ciudades» (Deuteronomio 6:6-9). No obstante, el Señor también promete su ayuda:

«Pondré mi ley en su mente, y la escribiré en su corazón» (Jeremías 31:33).

DÍA 15

Pero su arco se mantuvo firme, porque sus brazos
son fuertes. ¡Gracias al Dios fuerte de Jacob!

Génesis 49:24

De la pluma de Charles Spurgeon:

La fortaleza que Dios le da a sus «José» es una fortaleza verdadera, no son relatos jactanciosos y ficticios de bravura que se esfuman como el humo cuando se conocen los hechos; sino una verdadera fuerza divina. ¿Cómo José fue capaz de resistir semejante tentación? Porque Dios lo ayudó ya que no hay nada que podamos hacer sin el poder de Dios. La verdadera fortaleza proviene del «Dios fuerte de Jacob».

Fíjate la manera bendita y familiar con la que Dios le dio su fuerza a José: «Sus brazos son fuertes. ¡Gracias al Dios fuerte de Jacob!» Dios puso sus divinas manos sobre los brazos de José. Igual que un padre le enseña a un hijo, el Señor le enseña a los que le temen poniendo sus manos sobre el brazo de ellos.

¡Qué maravilloso acto de humillación! El Dios todopoderoso, el eterno y el omnipotente se acercó desde su trono para apoyar su mano en la mano de su hijo y estirar su brazo para apoyarlo sobre el brazo de José y así fortalecerlo. La fuerza que le dio también fue la fuerza del pacto hecho con Jacob, dado que se atribuyó al «Dios fuerte de Jacob».

Por tanto, cada vez que leas sobre el Dios de Jacob en la Biblia, recuerda el pacto de Dios con él. A los cristianos les encanta pensar en el pacto divino porque todo el poder, la gracia, las bendiciones, las misericordias y el consuelo, es decir, todo lo que tenemos, proviene de la fuente del arroyo mediante el pacto. Si no existiera el pacto, caeríamos, dado que toda la gracia proviene de él como la luz y el calor provienen de la irradiación solar. Y no hay ángeles que suban ni bajen del cielo excepto en la escalera que vio Jacob, que tenía un Dios del pacto parado en la cima.

Querido cristiano, quizás los arqueros del enemigo te han herido gravemente, lastimándote con sus flechas. Sin embargo, como José, tu «arco se mantuvo firme» y tus brazos fuertes. Por lo tanto, asegúrate de atribuirle toda la gloria de esta fuerza al Dios de Jacob.

De la pluma de Jim Reimann:

Dios también le dijo a Josué que fuera «fuerte y valiente» (Josué 1:6). Pero, ¿cómo obtenemos la fuerza que necesitamos para la batalla en esta vida? Esto es lo que dice el Soberano Señor, el Santo de Israel: «En la serenidad y la confianza está su fuerza» (Isaías 30:15) y «el gozo del Señor es nuestra fortaleza» (Nehemías 8:10). Además: «El Señor es mi fuerza y mi cántico; él es mi salvación» (Éxodo 15:2); «El Señor es mi fuerza y mi escudo; mi corazón en él confía; de él recibo ayuda» (Salmo 28:7); «A ti, fortaleza mía, te cantaré salmos, pues tú, oh Dios, eres mi protector» (Salmo 59:17) y «El Señor omnipotente es mi fuerza; da a mis pies la ligereza de una gacela y me hace caminar por las alturas» (Habacuc 3:19).

Querido Señor: «Por tu gran amor guías al pueblo que has rescatado; por tu fuerza los llevas a tu santa morada» (Éxodo 15:13). «Despliega tu poder, oh Dios; haz gala, oh Dios, de tu poder, que has manifestado en favor nuestro» (Salmo 68:28). «Vuélvete hacia mí, y tenme compasión; concédele tu fuerza a este siervo tuyo» (Salmo 86:16).

«¡Cuánto te amo, Señor, fuerza mía!» (Salmo 18:1). «Enaltécete, Señor, con tu poder, y con salmos celebraremos tus proezas» (Salmo 21:13).

DÍA 16

Nunca te dejaré.

Hebreos 13:5

De la pluma de Charles Spurgeon:

Ninguna de las promesas de Dios son privadas, como si alcanzaran a una sola persona, porque lo que Dios le dice a uno de sus santos, se lo dice a todos. Cuando él abre un pozo de agua para un cristiano es para que todos beban de él. Y cuando abre la puerta del granero para distribuir alimento, un hombre hambriento podrá ser el motivo inicial, pero sin lugar a dudas, todos los santos hambrientos pueden acercarse y comer.

Oh, creyente, que la promesa fuera originalmente hecha a Abraham o a Moisés, no establece diferencia alguna porque te la dio a ti como heredero de su pacto. No hay bendiciones elevadas de Dios que estén tan altas que tú no puedas alcanzarlas, ni una vasta misericordia que sea demasiado ancha como para ti. «Sube hasta la cumbre del Pisgá y mira al norte, al sur, al este y al oeste. Contempla la tierra con tus propios ojos» (Deuteronomio 3:27). Contempla toda la extensión de la divina promesa de Dios, porque toda la tierra que ves es tuya, ¡te pertenece! No hay un solo arroyo de agua viva del que no puedas beber. Si es una «tierra donde abundan la leche y la miel» (Éxodo 3:8), entonces come de la miel y bebe de la leche, porque ambas te pertenecen.

Sé audaz y cree «porque Dios ha dicho: "Nunca te dejaré; jamás te abandonaré"». Por medio de esta promesa el Señor le da todo a su pueblo. «Nunca te dejaré». Gracias a esta promesa ningún atributo de Dios se dejará de usar a nuestro favor. ¿Es él poderoso? Entonces va a «mostrar su poder a favor de los que tienen un corazón perfecto para con él» (2 Crónicas 16:9, RVR 1995). ¿Es él amor? Entonces, te coronará cubriéndote «de amor y compasión» (Salmo 103:4). Todo atributo que describa el carácter de Dios, se usa plenamente a nuestro favor.

Para resumir por completo esta verdad, no hay nada que puedas desear, que puedas pedir, nada que puedas necesitar en este tiempo o en la eternidad, nada vivo o muerto, nada en este mundo o el siguiente, nada ahora ni nada en la mañana de la resurrección ni en el cielo que no esté incluido en este versículo: «Nunca te dejaré; jamás te abandonaré».

De la pluma de Jim Reimann:

Jehová dijo por medio de Balaam: «Dios no es un simple mortal para mentir y cambiar de parecer. ¿Acaso no cumple lo que promete ni lleva a cabo lo que dice?» (Números 23:19). Más tarde, la despedida de Josué a los líderes de Israel respondió a las preguntas de Balaam: «Por mi parte, yo estoy a punto de ir por el camino que todo mortal transita. Ustedes bien saben que *ninguna de las buenas promesas del Señor su Dios ha dejado de cumplirse al pie de la letra*. Todas se han hecho realidad, pues él no ha faltado a ninguna de ellas. Pero así como el SEÑOR su Dios ha cumplido sus buenas promesas, también descargará sobre ustedes todo tipo de calamidades ... *Si no cumplen con el pacto que el* SEÑOR *su Dios les ha ordenado*» (Josué 23:14-16).

De nuevo, ¿por qué los hijos de Israel padecieron tantas dificultades? Porque «menospreciaron esa bella tierra; *no creyeron en la promesa de Dios*» (Salmo 106:24). Debieron de haber sido como David, que dijo: «Yo me regocijo en tu promesa como quien halla un gran botín» (Salmo 119:162).

«Pero la Escritura declara que todo el mundo es prisionero del pecado, para que mediante la fe en Jesucristo *lo prometido se les conceda* a los que creen» (Gálatas 3:22). «Todas las promesas que ha hecho Dios son "sí" en Cristo. Así que por medio de Cristo respondemos "amén" para la gloria de Dios» (2 Corintios 1:20).

DÍA 17

... la ira venidera.

Mateo 3:7, RVR 1995

De la pluma de Charles Spurgeon:

Resulta sumamente placentero para nuestros sentidos caminar por el campo luego de una lluvia y percibir el aroma del pasto fresco y observar las gotitas que brillan como diamantes a la luz del sol. Ese es el lugar de un cristiano. Él viaja por un territorio donde una tormenta ha descargado su furia sobre la cabeza del Salvador y si todavía siguen cayendo algunas gotas de tristeza es porque se destilan de las nubes de misericordia, mientras Jesús le asegura que la lluvia no tiene la intención de destruir.

Sin embargo, qué inquietante es ver una tormenta que se acerca. Ver las señales de advertencia como los pájaros que bajan sus alas para protegerse, las reses que mantienen la cabeza gacha por temor, el cielo que se oscurece y oculta al sol, y los cielos que parecen entristecerse y enojarse. ¡Qué miedo da ver venir un huracán tropical! Aguardar aterrados la terrible fuerza del viento, poderoso como para arrancar árboles de raíz, quitar rocas de los cimientos y destruir casas en segundos.

Pecador, esta es tu condición actual. Todavía no ha caído una sola gota caliente, pero se aproxima una lluvia de fuego. Todavía no hay vientos feroces arremolinándose a tu alrededor, pero la tempestad de Dios está reuniendo su atemorizante artillería. Hasta ahora la misericordia de Dios ha retenido las inundaciones, pero pronto serán liberadas. Los rayos de Dios todavía están en el depósito, ¡pero cuidado! Se acerca la aterradora tormenta y qué horrible será aquel momento cuando Dios, vestido de venganza, finalmente avance con toda la furia.

¿Dónde, dónde, dónde, oh pecador, vas a esconderte? ¿Adónde huirás? Oh, que la mano de la misericordia de Dios te lleve ahora mismo hasta los pies de Cristo. Él está expuesto ante ti en el evangelio. Su costado perforado es tu roca de refugio. Sabes que lo necesitas. Por tanto, ¿por qué no crees en él y te refugias en sus brazos?

Entonces la furia de la tormenta se habrá ido por toda la eternidad.

De la pluma de Jim Reimann:

Casi todos los incrédulos desean enfocarse en un Dios de amor y no en un Dios de justicia. «Dios *es* amor» (1 Juan 4:8), pero él también es un Dios justo y, por lo tanto, juzgará el pecado. Es más, cuando Jesús regrese, lo hará como el Juez que presenta batalla. Así es como Juan describe este evento futuro:

> Luego vi el cielo abierto, y apareció un caballo blanco. Su jinete se llama Fiel y Verdadero. Con justicia dicta sentencia y hace la guerra … Lo siguen los ejércitos del cielo, montados en caballos blancos y vestidos de lino fino, blanco y limpio. De su boca sale una espada afilada, con la que herirá a las naciones.
>
> APOCALIPSIS 19:11,14-15

Y así lo describe Pablo:

> Dios, que es justo, pagará con sufrimiento a quienes los hacen sufrir a ustedes. Y a ustedes que sufren, les dará descanso, lo mismo que a nosotros. Esto sucederá cuando el Señor Jesús se manifieste desde el cielo entre llamas de fuego, con sus poderosos ángeles, para castigar a los que no conocen a Dios ni obedecen el evangelio de nuestro Señor Jesús. Ellos sufrirán el castigo de la destrucción eterna, lejos de la presencia del Señor.
>
> 2 TESALONICENSES 1:6-9

DÍA 18

Te he escogido en horno de aflicción.

Isaías 48:10, RVR 1995

De la pluma de Charles Spurgeon:

Querido creyente que estás afligido por diversas pruebas, halla consuelo en este pensamiento: Dios dijo: «Te he escogido en horno de aflicción». ¿Acaso no sientes que este versículo se derrama sobre tu vida como una refrescante lluvia que disminuye la intensidad de las llamas del horno? ¿Y no te da también una coraza ignífuga que te protege por completo del poder del calor intenso? Entonces, deja que vengan las aflicciones. Dios me ha escogido. Pobreza, puedes entrar por mi puerta, pero ya Dios está en mi casa. Él me ha escogido. Enfermedad, puedes venir a mi vida, pero yo tengo un remedio a la mano. Dios me ha escogido. No importa lo que pueda sobrevenirme en mi andar por este valle de lágrimas de la vida, porque sé que él me ha escogido.

Amado cristiano, si todavía necesitas un mayor consuelo que este, recuerda que el Hijo de Dios está contigo en el horno. Aun en la tranquilidad de tu cuarto, Alguien está sentado a tu lado, Alguien a quien no has visto, Alguien a quien amas. Y muchas veces, aunque no estés consciente de ello, él se acerca a tu cama de aflicción y mulle tu almohada. A lo mejor tienes una vida de pobreza, pero hasta en esa vida el Señor de vida y gloria es un visitante frecuente. Él ama ir a los lugares desolados, por tanto él te visitará. Él es uno de los «amigos más fieles que un hermano» (Proverbios 18:24).

No puedes verlo, pero puedes percibir el suave toque de su mano. ¿Y no escuchas su voz? «Aun ... por valles tenebrosos» (Salmo 23:4) él dice: «no temas, porque yo estoy contigo; no te angusties, porque yo soy tu Dios» (Isaías 41:10). Recuerda el famoso discurso que pronunció César ante su ejército: «No temas, que llevas contigo a César y su fortuna». Por tanto, querido cristiano, no temas, porque Jesús está contigo en mayor medida. En cada prueba, por más difícil que sea, su divina presencia es tanto tu consuelo como tu seguridad, y él jamás abandonará a alguien a quien ha escogido como suyo.

«No temas, porque yo estoy contigo» es su segura promesa a sus escogidos «en horno de aflicción». Entonces, por qué no te aferras a Cristo y dices:

> Por inundaciones o llamas,
> Si Jesús me guía,
> Yo iré por donde él vaya.

JOHN RYLAND, 1753-1825

De la pluma de Jim Reimann:

Que la fe y el valor de Sadrac, Mesac y Abed-nego se manifiesten en cada uno de nosotros cuando enfrentemos el «horno de aflicción». Analiza sus palabras cuando se negaron a inclinarse ante el ídolo de oro del rey Nabucodonosor: «Si se nos arroja al horno en llamas, el Dios al que servimos puede librarnos del horno y de las manos de Su Majestad» (Daniel 3:17). Y presta especial atención a su determinación en la siguiente declaración: «Pero *aun si nuestro Dios no lo hace así* [no nos salva], sepa usted que *no honraremos a sus dioses ni adoraremos a su estatua*» (Daniel 3:18).

Dios envió al horno a su hijo preencarnado para protegerlo y hasta el rey pagano lo admitió: «¡el cuarto tiene la apariencia de un dios!», y luego se refirió a los tres hombres como «siervos del Dios Altísimo» (Daniel 3:25-26). Si tenemos fe, el Señor también obrará milagros en nuestra vida para alcanzar a los perdidos.

DÍA 19

No debemos, pues, dormirnos como los demás.

1 Tesalonicenses 5:6

De la pluma de Charles Spurgeon:

Hay muchas maneras de incentivar el estado de alerta entre los cristianos. Permíteme recomendar uno: los creyentes debieran transmitirse unos a otros los caminos del Señor. En *El progreso del peregrino* de John Bunyan (1628-1688), Cristiano y Esperanzado, mientras viajan hacia la ciudad celestial, se dicen uno al otro: «Para guardarnos, pues, de dormitar en este lugar, empecemos un buen discurso». Cristiano pregunta: «¿Por dónde empezaremos?», y Esperanzado responde: «Por donde Dios empezó con nosotros». Entonces, Cristiano entona la siguiente canción:

Cuando los cristianos se adormecen, que vengan aquí,
A escuchar la conversación de estos dos peregrinos;
Sí, que puedan aprender de ellos, si alguna sabiduría hay,
Para mantener abiertos sus ojos adormilados.
La comunión de los santos, si se administra bien,
Los mantiene despiertos, a pesar del infierno.

Es probable que se adormezcan los cristianos que se aíslan de otros y van solos por la vida. Sin embargo, en comunión con otros cristianos permanecerás bien despabilado, renovado y animado, y harás un progreso más rápido en el camino al cielo. No obstante, al reunirte con otros para debatir sobre los caminos del Señor, cuida que el objeto de la discusión sea siempre el Señor Jesús. Que tus ojos de la fe permanezcan enfocados en él, que tu corazón se llene de él y que tus labios siempre hablen de lo grande que él es.

Querido amigo, si habitas cerca de la cruz, no te dormirás. Siempre procura profundizar tu conocimiento del verdadero valor del lugar adonde te diriges. Si recuerdas que tu destino es el cielo, no te dormirás en el camino, y si recuerdas que el infierno está detrás de ti y que el diablo te persigue, no te entretendrás. ¿Acaso se dormiría un asesino sabiendo que su vengador le pisa los talones y que la ciudad refugio está adelante?

Querido cristiano, ¿deseas dormir mientras las puertas de perlas del cielo están abiertas ante ti, mientras el cántico celestial aguarda que te sumes con tu voz, y mientras una corona de oro espera que la coloquen en tu cabeza? ¡No! En cambio, a través de la santa comunión sigue «alerta y [ora] para que no [caigas] en tentación» (Mateo 26:41).

De la pluma de Jim Reimann:

La comunión es el resultado de andar en la luz y, a la inversa, la soledad es la consecuencia del pecado, o de andar en la oscuridad. Así expresó Juan esta importante verdad: «Si vivimos en la luz, así como [Dios] está en la luz, tenemos comunión unos con otros» (1 Juan 1:7). Los resultados de la comunión incluyen aliento, piedad y crecimiento espiritual. Según la Palabra de Dios, la comunión no es optativa.

Cuando tenemos comunión con otros, y compartimos lo que Dios hace en nuestra vida, contribuimos a que crezca nuestra fe. Por lo tanto, se convierte en un medio de aliento, como vemos en el siguiente pasaje: «Preocupémonos los unos por los otros, a fin de estimularnos al amor y a las buenas obras. No dejemos de congregarnos, como acostumbran hacerlo algunos, sino animémonos unos a otros» (Hebreos 10:24-25).

DÍA 20

Tienen que nacer de nuevo.

Juan 3:7

De la pluma de Charles Spurgeon:

La regeneración es el verdadero fundamento de la salvación. Por lo tanto, debemos ser diligentes para saber con seguridad si hemos nacido de nuevo, ya que muchas personas creen que nacieron de nuevo y no es así. Que te consideres un cristiano no te otorga la naturaleza de ser un cristiano y haber nacido en un país que se considera cristiano no significa nada. Incluso, que otros te reconozcan como profesante de la fe cristiana carece de valor a menos que se añada algo: la experiencia de «nacer de nuevo». Y esta expresión parece ser tan misteriosa que las palabras humanas son incapaces de describirla.

«El viento sopla por donde quiere, y lo oyes silbar, aunque ignoras de dónde viene y a dónde va. Lo mismo pasa con todo el que nace del Espíritu» (Juan 3:8). Sin embargo, se trata de una transformación que se conoce y se siente; se conoce por las obras de santidad que produce y se siente por medio de la asombrosa experiencia de la gracia. Esta gran obra de la regeneración es sobrenatural, no es algo que uno pueda producir por sí mismo. Se trata de una nueva verdad que impregna nuestro corazón, que renueva el alma y afecta a la persona en su totalidad. No es un cambio de nombre sino una renovación de mi naturaleza de manera que no soy lo que solía ser, sino que me convertí en una nueva persona en Cristo Jesús. Lavar, embalsamar y preparar un cuerpo para la sepultura es algo muy distinto de volverlo a la vida. El hombre puede hacer lo primero, pero lo segundo solo es obra de Dios.

Por tanto, si naciste de nuevo, tu reconocimiento hasta el día de hoy será: «Oh Señor Jesús, eterno Padre, eres mi Padre espiritual. A menos que tu Espíritu me haya inspirado una vida nueva, santa y espiritual, yo estaría "[muerto] en [mis] transgresiones y pecados" (Efesios 2:1). Mi vida celestial solo proviene de ti y a ti solo la atribuyo. Mi "vida está escondida con Cristo en Dios" (Colosenses 3:3) porque "ya no vivo yo sino que Cristo vive en mí" (Gálatas 2:20)».

Que el Señor nos permita tener la pacífica seguridad sobre este tema vital de «nacer de nuevo» dado que no haber sido regenerado implica no ser salvo ni perdonado, estar «sin esperanza y sin Dios» (Efesios 2:12).

De la pluma de Jim Reimann:

Algunos creyentes profesantes evitan usar el término «cristiano nacido de nuevo». Sin embargo, como hemos visto hoy, Jesús le dijo a Nicodemo: «*tienen* que nacer de nuevo». De modo que es imposible ser cristiano sin nacer de nuevo. Jesús, la Palabra de Dios encarnada escogió con cuidado sus palabras, así que no se equivocó al usar este término en particular.

Uno de los más bellos aspectos de la expresión «nacer de nuevo» es que no solo se relaciona con nuestra salvación sino que también se relaciona con la naturaleza eterna de nuestra salvación. Aunque un creyente siga pecando y pueda caer en algún momento, nada le quitará su salvación. En otras palabras: habrá momentos en los que parecerá que está perdido, pero como no existe manera de revertir el proceso de nacimiento, jamás será un «no nacido». No obstante, nunca debiera usarse esta verdad para «[cambiar] en libertinaje la gracia de nuestro Dios» (Judas 4), sino que debiera servir como una motivación incluso mayor para llevar una vida piadosa y servir al Señor con fidelidad.

DÍA 21

El pecado llegue a ser en extremo pecaminoso.

Romanos 7:13, LBLA

De la pluma de Charles Spurgeon:

Cuidado con hacer caso omiso del pecado o considerarlo con ligereza. Cuando recién nos convertimos, nuestra conciencia es tan tierna que tememos pasar por alto el mínimo pecado. Los recién convertidos experimentan una timidez santa o un temor piadoso de posible ofensa al Señor. Lamentablemente, el delicado retoño de este fruto maduro enseguida cae por culpa del trato brusco del mundo circundante; la nueva y tierna plantita de verdadera devoción enseguida se convierte en una fácilmente influenciable.

Sí, es una triste verdad pero hasta el cristiano más maduro llega gradualmente a desarrollar callosidades y el pecado, que una vez lo alarmó, ya no le molesta en lo más mínimo. Poco a poco nos vamos familiarizando con el pecado hasta llegar a ser como aquel que ha estado expuesto a las explosiones del cañón durante tanto tiempo que ya no percibe los sonidos suaves. Al principio, hasta el más leve pecado nos sobresalta, pero enseguida decimos: «Bueno, este es uno pequeño...» Luego, se nos presenta un pecado más grande, seguido de otro, hasta que vamos poco a poco pensando que solo son problemas menores. Enseguida este pensamiento inunda nuestra mente con un pensamiento no santo: «Bueno... hemos tropezado un poco y caído en algunos *pecadillos*, pero mayormente tratamos de ser rectos. Podremos haber pronunciado una palabra pecaminosa, pero la mayor parte de nuestra conversación ha sido coherente con la de un cristiano». Enseguida empezamos a disminuir la importancia de nuestro pecado, lo cubrimos con un manto que lo disimule y le damos nombres simpáticos e ingeniosos.

Querido cristiano, cuidado con tomar el pecado tan a la ligera. «El que piensa estar firme, mire que no caiga» poco a poco (ver 1 Corintios 10:12, RVR 1960). ¿Pecado? ¿Poca cosa? ¿No es un veneno? ¿Quién conoce su efecto mortífero? ¿Pecado? ¿Insignificante? ¿No son incluso las «zorras *pequeñas*» las que «arruinan nuestros viñedos» (Cantares 2:15)? ¿No sabes que el pequeño coral puede crecer hasta transformarse en una roca capaz de hundir una flotilla? ¿No son los pequeños pero persistentes golpes los que al final pueden hacer caer al gran roble? ¿No es el lento pero constante goteo del agua el que termina por erosionar piedras enormes?

¿Pecado? ¿Insignificante? ¡Coronó la cabeza del Redentor con espinas y traspasó su corazón! Fue la verdadera razón por la que sufrió angustia, congoja y aflicción. Si pudieras medir hasta el mínimo pecado a escala de la eternidad, huirías de él como si fuera una serpiente y aborrecerías el mínimo indicio del mal.

Presta atención *a todos y a cada uno* de los pecados que en realidad crucificaron a tu Salvador, y los verás como en «extremo pecaminosos».

De la pluma de Jim Reimann:

A nadie le gusta ruborizarse, pero si nada te produce eso, puedes haber cauterizado tu conciencia pensando con liviandad en tus «pecadillos». Jeremías advirtió a los de su época diciendo: «Tienes el descaro de una prostituta; ¡no conoces la vergüenza!» (Jeremías. 3:3). Más tarde, dio este mensaje de parte de Jehová: «¿Acaso se han avergonzado de la abominación que han cometido? ¡No, no se han avergonzado de nada, ni saben siquiera lo que es la vergüenza! Por eso, caerán con los que caigan; cuando los castigue, serán derribados» (Jeremías 6:15).

En vez de volvernos duros y fríos, que volvamos a aprender a ruborizarnos. Que nuestra oración de hoy sea como la de Esdras:

«*Dios mío, estoy confundido y siento vergüenza de levantar el rostro hacia ti, porque nuestras maldades se han amontonado hasta cubrirnos por completo; nuestra culpa ha llegado hasta el cielo*» (Esdras 9:6).

DÍA 22

¿Qué ganamos con quedarnos aquí sentados, esperando la muerte?

2 Reyes 7:3

De la pluma de Charles Spurgeon:

Querido lector, este libro fue concebido principalmente para la edificación de los creyentes, pero si aún no eres salvo, mi corazón anhela que creas y me gustaría mencionar algunas palabras que espero te sean de bendición. Abre tu Biblia y lee la historia de los leprosos en 2 Reyes 7 y considera que su posición fue en gran medida la misma que tienes tú ahora. Si permaneces donde estás, es seguro que perecerás. Si acudes a Jesús, es probable que también mueras pero, recuerda el viejo dicho: «El que nada arriesga, nada gana». ¿No es cierto que en tu caso tienes poco que arriesgar? Si decides permanecer en tu lugar, desahuciado y sin esperanzas, nadie tendrá lástima de ti cuando llegues a la ruina completa. Sin embargo, si vas a morir luego de procurar verdaderamente la misericordia (si esto fuera posible) serías objeto de compasión universal. Nadie que se niegue a mirar a Jesús escapa de la destrucción y, a la inversa, es probable que tengas relaciones que creen en él y son salvos. Entonces, si algunos de tus amigos han recibido misericordia, ¿por qué no tú?

Los ninivitas dijeron: «¡Quién sabe! Tal vez Dios cambie de parecer, y aplaque el ardor de su ira, y no perezcamos» (Jonás 3:9). Actúa conforme a esa misma esperanza y pon a prueba la misericordia del Señor. Perecer es tan horroroso que si restara una única oportunidad, el instinto de autopreservación te haría estirar la mano para alcanzarla.

Hasta ahora estuve argumentando sobre la base de tu incredulidad, pero ahora quisiera asegurarte, de parte del Señor, que «si lo buscas, te permitirá que lo encuentres» (1 Crónicas 28:9). Jesús dijo: «Todos los que el Padre me da vendrán a mí; y al que a mí viene, no lo rechazo» (Juan 6:37). Si confías en él, no perecerás. Al contrario, hallarás un tesoro mucho más grande que los otros pobres leprosos que permanecen apiñados en su campamento desierto. Que su Espíritu Santo te conceda la osadía para acudir de inmediato a él, sabiendo que no confiarás en vano.

Luego, cuando seas salvo, dedícate a desparramar las buenas nuevas. Tal como los leprosos lo expresaron en 2 Reyes 7: «Hoy es un día de buenas noticias, y no las estamos dando a conocer. Si esperamos hasta que amanezca, resultaremos culpables. Vayamos ahora mismo al palacio, y demos aviso» (v. 9). Da a conocer las noticias para unirte a la casa del Rey. Informa a tu pastor lo que has descubierto y luego proclama las buenas nuevas por donde vayas.

Quiera el Señor salvarte antes de que hoy se ponga el sol.

De la pluma de Jim Reimann:

Algunos incrédulos se ríen ante la perspectiva de ir al infierno y dicen: «Allí estarán todos mis amigos, así que ¡haremos una gran fiesta!» Sin embargo, el infierno será un lugar horroroso. ¿Te has quemado un dedo mientras cocinabas? Entonces, piensa cuánto dolor puede provocar una pequeña quemadura. Eso no tiene ni punto de comparación con los que «son exhibidos como ejemplo al sufrir el castigo del fuego eterno» (Judas 7, LBLA). Y aunque allí habrá fuego, también será un sitio donde reine «la oscuridad, donde habrá llanto y rechinar de dientes» (Mateo 8:12).

Por otro lado, Isaías nos cuenta de un Dios de gracia que te dice: «En el momento propicio te respondí, y en el día de salvación te ayudé» (Isaías 49:8). Pablo, más adelante, cita ese mismo pasaje diciendo que el tiempo es esencial en cuanto a la salvación: «Les digo que *éste es el momento propicio de Dios; ¡hoy es el día de salvación!*» (2 Corintios 6:2). ¿Por qué no le pides al Señor que te salve hoy mismo?

DÍA 23

Yendo un poco más allá, se postró sobre su rostro y oró.

Mateo 26:39

De la pluma de Charles Spurgeon:

Podemos aprender muchísimas de las características instructivas de la oración de nuestro Salvador durante este período de severa prueba. Lo primero a destacar es que se trató de una oración a solas, dado que se apartó hasta de sus tres discípulos preferidos. Querido creyente, recuerda que con frecuencia debes practicar la oración a solas, en especial durante los momentos de prueba. La oración en familia, la oración en público o la oración con otros creyentes en la iglesia no es suficiente. Todo esto es importante, sin embargo, el incienso más batido y roto producirá el humo más fragante en tu incensario privado, cuando le dediques a tus devociones momentos a solas, cuando ningún otro oído, excepto el de Dios, te escuche.

La oración de Cristo fue también una oración humilde. Lucas dice: «se arrodilló» (Lucas 22:41), pero Mateo expresa: «se postró sobre su rostro». Si esta fue la posición del Maestro, ¿cuál debiera ser la tuya como su humilde siervo? ¿No debes cubrir tu cabeza con «polvo y ceniza» (Génesis 18:27)? La humildad te brinda un punto de apoyo y no hay esperanza de prevalecer con Dios en oración a menos que te «[humilles] … para que él [te] exalte a su debido tiempo» (1 Pedro 5:6).

Su oración fue también una oración filial, una oración apropiada de un hijo hacia su padre. Él oró: «*Abba,* Padre» (Marco 14:36). Al presentar tu adopción como hijo, encontrarás un fuerte que te protegerá en los tiempos de prueba. Si hubieras sido simplemente un súbdito suyo, hace rato que habrías perdido tus derechos por tu traición, pero nada puede hacer que pierdas los derechos de hijo, por lo que cuentas con la protección del Padre. Por tanto, no te sientas intimidado de llamarlo: «Padre mío» (Mateo 26:39), «escucha mi clamor y atiende a mi oración» (Salmo 61:1).

También toma en cuenta que la oración de Jesús fue perseverante. Él oró tres veces, por tanto no te detengas hasta que prevalezcas. Sé persistente como la viuda de la parábola de Jesús, quien porque insistía «viniendo de continuo» (Lucas 18:5, RVR 1995), obtuvo lo que no consiguió con su primera súplica. «Dedíquense a la oración: perseveren en ella con agradecimiento» (Colosenses 4:2).

Por último, fue también una oración sumisa. Él se había resignado a cumplir la voluntad del Padre, porque dijo: «No sea lo que yo quiero, sino lo que quieres tú» (Mateo 26:39). Por tanto, sométete a la voluntad de Dios dado que él determinará lo que es mejor. Confórmate con dejar tu oración en las manos de Aquel que sabe cuándo dar, cómo dar, qué dar y qué retener.

Así que, aquellos hijos de Dios que perseveran en la oración solitaria, con humildad y sumisión, sin dudas prevalecerán.

De la pluma de Jim Reimann:

¡Qué maravilloso ejemplo de oración nos dio Jesús en Getsemaní! Allí fue donde vimos a Dios el Hijo, aquel que experimentó una unidad y una comunión inquebrantables con su Padre desde la eternidad pasada, humillándose y suplicando a Dios el Padre. Y si nuestro Salvador sintió tal necesidad de orar, ¡cuánto más nosotros!

Gracias a que él estuvo dispuesto a beber la copa que mencionó en Getsemaní tenemos, mediante él, acceso al trono del Padre. Si no fuera por su oración y la respuesta, nuestras oraciones no tendrían sentido.

Oh, Señor, cuán benditos somos de conocerte y de conocer a tu precioso Hijo. ¡Gracias por él que sufrió en Getsemaní y en la cruz por nosotros!

DÍA 24

Su sudor era como gotas de sangre que caían a tierra.

Lucas 22:44

De la pluma de Charles Spurgeon:

La agonía mental resultante de la lucha de nuestro Señor contra la tentación en Getsemaní lo empujó a una experiencia emocional extrema e indecible, haciendo que sus poros exudaran grandes «gotas de sangre que caían a tierra». Esto demuestra el tremendo peso del pecado que fue capaz de agobiar al Salvador al punto de sudar «gotas de sangre».

Además, nos demuestra el tremendo poder de su amor. Isaac Ambrose (autor puritano, 1602-1674) hizo la interesante observación de que la savia que brota naturalmente del alcanfor, sin hacerle ningún corte, es la mejor. Jesús, el más precioso árbol de «alcanfor», exudó finas especias de las heridas que le produjeron los punzantes látigos y los agudos clavos de la cruz. Sin embargo, derramó la especia más preciada en el jardín, sin látigos, clavos ni heridas.

Esto demuestra que su sufrimiento fue voluntario, dado que su sangre fluyó libremente en Getsemaní sin que la lanza lo perforara. No se precisó que un médico le sacara sangre ni que alguien lacerara a Cristo con un cuchillo, dado que en el huerto la sangre fluyó de manera espontánea. No hubo necesidad de que las autoridades reclamaran: «Que brote» (Números 21:17), porque fluyó por sí sola en un torrente carmesí.

Cuando alguien sufre un gran dolor y angustia mental, al parecer su sangre fluye hacia el corazón. El rostro se torna pálido y, si la angustia es extrema, la persona siente que se desvanece porque la sangre va adentro a nutrir el ser interior de la persona en su dura prueba.

Sin embargo, observa a nuestro Salvador en su agonía extrema, él estaba completamente ajeno a su propia condición. En vez de que su sangre fuera bombeada hacia su corazón para alimentarlo en su angustia, se dirigió hacia afuera, hacia el mundo, para satisfacer la necesidad de humedad que tenía la tierra. La agonía de Cristo, que lo hizo derramar su sangre al suelo, es una imagen que nos refleja a la perfección la plenitud de la ofrenda que él hizo por la humanidad.

¿Somos capaces de realmente percibir cuán intensa debió de haber sido su lucha en el jardín? ¿Prestaremos atención a su voz cuando nos diga: «la lucha que ustedes libran contra el pecado, todavía no han tenido que resistir hasta derramar su sangre» (Hebreos 12:4)?

Contempla a Jesús, el gran apóstol y sumo sacerdote de nuestra profesión de fe. Luego, dispónte a sudar sangre en vez de ceder ante el gran tentador de nuestra alma.

De la pluma de Jim Reimann:

Jesús sufrió una tremenda agonía en Getsemaní y oraba: «Padre mío, si es posible, no me hagas beber este trago amargo. Pero no sea lo que yo quiero, sino lo que quieres tú» (Mateo 26:39). Nuestro futuro como creyentes depende de la palabra «pero». «Pero … sino lo que quieres tú». Qué maravilloso reflejo y cumplimiento de esta profecía:

> *Pero el* SEÑOR *quiso quebrantarlo y hacerlo sufrir*, y como él ofreció su vida en expiación, verá su descendencia y prolongará sus días, y llevará a cabo la voluntad del SEÑOR. Después de su sufrimiento, verá la luz y quedará satisfecho; por su conocimiento mi siervo justo justificará a muchos, y cargará con las iniquidades de ellos. Por lo tanto, le daré un puesto entre los grandes, y repartirá el botín con los fuertes, porque derramó su vida hasta la muerte, y fue contado entre los transgresores. Cargó con el pecado de muchos, e intercedió por los pecadores.
>
> ISAÍAS 53:10-12

DÍA 25

El amor de Cristo ... sobrepasa nuestro conocimiento.

Efesios 3:18-19

De la pluma de Charles Spurgeon:

«El amor de Cristo», en su dulzura, su plenitud, su grandeza y su fidelidad, «sobrepasa» toda comprensión humana. ¿Dónde podría llegar a hallarse un idioma que describiera su incomparable amor sin igual por los hijos de la humanidad? Es tan vasto e ilimitado que así como la golondrina baja en picada y hace un vuelo rasante sobre la superficie del mar sin bucear en sus profundidades, todas las palabras descriptivas del amor de Cristo apenas si rozan la superficie, dejando inconmensurables profundidades sin tocar más abajo. El poeta bien puede afirmar:

> Oh amor, ¡abismo insondable!
>
> JOHANN ANDREAS ROTHE, 1688-1758

porque el amor de Cristo es inconmensurable e insondable, completamente fuera de toda comprensión humana.

No obstante, para comenzar a comprender su amor, primero debemos entender su gloria previa en las alturas de la majestad en comparación a las profundas vergüenzas de su encarnación en este mundo. Pero, ¿quién podría hablarnos de la majestad de Cristo? Cuando él estaba entronado en las alturas celestiales, era «Dios verdadero de Dios verdadero» (credo Niceno), Dios mismo, «porque por medio de él fueron creadas todas las cosas en el cielo y en la tierra» (Colosenses 1:16). Su brazo poderoso mantuvo las muchas esferas del universo en sus órbitas, las alabanzas de los querubines y los serafines lo rodearon perpetuamente y un vasto coro de aleluyas en todo el universo fluyeron sin cesar hasta los pies de su trono. Reinó soberano por encima de todas sus criaturas como Dios sobre todo, bendito para siempre. ¿Quién podría entonces explicar las alturas de su gloria? No obstante, por otra parte, ¿quién podría explicar en forma explícita cuán bajo descendió?

Convertirse en hombre ya fue ciertamente humillante, pero convertirse en «varón de dolores» (Isaías 53:3) lo fue mucho más. Sangrar, sufrir y morir ya de por sí era mucho para el Hijo de Dios, pero él sufrió mucho más que eso. No solo sufrió la indecible agonía de soportar una muerte vergonzosa sino también sufrió el abandono de su Padre. Esto manifiesta tal profundidad del humilde amor de Cristo que hasta la más espiritual de las mentes fracasa de manera miserable en su intento por sondearla.

«En esto consiste el amor» (1 Juan 4:10). Y es verdaderamente un amor que «sobrepasa nuestro conocimiento». Que este amor, su amor, llene nuestro corazón de adoración y gratitud y nos lleve a demostraciones prácticas de su poder en nuestra vida.

De la pluma de Jim Reimann:

En los primeros tres capítulos de Efesios, Pablo enseña la doctrina que el Señor le dio y luego continúa con tres capítulos de aplicación práctica de tal doctrina. Nuestro texto de hoy viene de la oración que está al final del capítulo tres que es el interludio entre las dos secciones.

Esa oración revela lo abrumado que estaba Pablo al considerar la teología digna de admiración o el conocimiento de Dios. Él nos alienta a que podamos «comprender, junto con todos los santos, cuán ancho y largo, alto y profundo es el amor de Cristo» (Efesios 3:18). Luego, en el versículo 19, dice algo bastante extraño, ya que nos alienta diciendo: «que conozcan *ese amor que sobrepasa nuestro conocimiento*». Nos dice que conozcamos algo ¡imposible de conocer! Quizás el infinito amor de Cristo sea algo a lo cual la humanidad finita le dedique la eternidad para tratar de «comprender … cuán ancho y largo, alto y profundo es el amor de Cristo».

DÍA 26

Entonces Pilato se lo entregó para que lo crucificaran,
y los soldados se lo llevaron [a Jesús].

De la pluma de Charles Spurgeon:

Jesús estuvo agonizando durante toda la noche. Por la mañana temprano estuvo en la casa de Caifás, de allí lo llevaron ante Pilato, de Pilato a Herodes, de Herodes de nuevo a Pilato. No le permitieron comer, beber ni descansar, así que a esas alturas le quedaban muy pocas fuerzas. Sus enemigos estaban sedientos de sangre, por eso lo condujeron a la muerte obligándolo a cargar su propia cruz. ¡Qué procesión tan penosa! No nos sorprende que las «hijas de Jerusalén» (Lucas 23:28) lloraran por él. Amado hermano, ¿lloras tú también por él?

¿Qué aprendemos de esta escena de nuestro bendito Señor cuando es conducido a su muerte? ¿Reconocemos la verdad prefigurada por «los dos machos cabríos» (Levítico 16:8)? ¿Acaso el sumo sacerdote no «le impondrá las manos sobre la cabeza. Confesará entonces todas las iniquidades y transgresiones de los israelitas, cualesquiera que hayan sido sus pecados. Así el macho cabrío cargará con ellos» (Levítico 16:21) quitando así el pecado del pueblo? ¿No era luego el macho cabrío «enviado al desierto por medio de un hombre designado para esto» (v. 21), llevándose el pecado del pueblo de manera que si lo buscaban no lo podían hallar?

Del mismo modo vemos que ahora llevan a Jesús ante los sacerdotes y los gobernantes que lo declaran culpable. Dios mismo le imputa nuestros pecados, le carga a su cuenta nuestros errores, porque «el SEÑOR hizo recaer sobre él la iniquidad de todos nosotros» (Isaías 53:6). «Cristo nunca pecó. Pero Dios lo trató como si hubiera pecado, para declararnos inocentes» (2 Corintios 5:21, TLA), fue un sustituto por nuestra culpa. Sobre sus hombros cargó con nuestros pecados, representados por su cruz, y son unos oficiales de justicia designados los que llevan preso al gran Macho cabrío expiatorio.

Amado hermano, ¿tienes la certeza de que él ha llevado *tu* pecado? Cuando ves la cruz sobre sus hombros, ¿ves tus pecados representados en esta? Hay una manera de estar seguros de que él cargó con tu pecado. Si has puesto tu mano sobre su cabeza, y confesado tu pecado, si has confiado en él, entonces tu pecado ya no habita en ti sino que se transfirió a Cristo por la bendita imputación. Y él lleva tu pecado sobre sus hombros como un peso mucho mayor que el de la cruz.

No permitas que esta imagen se aparte de tu mente hasta que te hayas regocijado en tu propia liberación y hayas alabado al divino Redentor sobre quien fueron depositadas todas tus iniquidades.

De la pluma de Jim Reimann:

Una antigua prisión tallada en la roca del monte Sión es probablemente el sitio donde estaba la casa de Caifás, el sumo sacerdote, ya que fue allí donde descubrieron su sarcófago o féretro de piedra. El lugar cuenta con celdas para prisioneros, un sitio para crueles azotes y un pozo profundo donde ponían a los reos por la noche. Es muy probable que descendieran a Jesús por este pozo helado y absolutamente oscuro y lo dejaran allí toda la noche, completamente solo. Es un asombroso cumplimiento del siguiente salmo profético:

> Ya me cuentan entre los que bajan a la fosa; parezco un guerrero desvalido ... Me has quitado a todos mis amigos y ante ellos me has hecho aborrecible. Estoy aprisionado y no puedo librarme ... ¿Por qué me rechazas, SEÑOR? ¿Por qué escondes de mí tu rostro? ... Me has quitado amigos y seres queridos; ahora solo tengo amistad con las tinieblas.
>
> SALMO 88:4,8,14,18

63

DÍA 27

Cuando llegaron al lugar llamado la
Calavera, lo crucificaron allí.

Lucas 23:33

De la pluma de Charles Spurgeon:

El Calvario es la colina del consuelo mientras que la madera de la cruz se usa para construir la casa de la consolación. Y Jesús, la Roca partida en dos por la espada que laceró su costado, es el fundamento del templo de la bendición celestial. Por tanto, no hay una escena de la historia sagrada que reconforte tanto el alma como la trágica escena del calvario.

> ¿No resulta extraño que la hora más oscura
>   que se haya cernido sobre el mundo pecador
> pudiera tocar el corazón dando consuelo
>   con un poder más suave que la alegría angelical?
> ¿Y que a la cruz vuelvan los ojos del doliente,
>   antes que al lugar donde refulgen las estrellas de Belén?
>
> JOHN KEBLE, 1792-1866

Una gran Luz brilla desde el Gólgota donde es medianoche en pleno mediodía, y cada bella «flor del campo» (Isaías 40:6) florece bajo la sombra del que fuera un árbol execrable. Del sitio donde Jesús sintió sed la gracia hace surgir una fuente inagotable de la que fluye agua pura como el cristal donde cada gota puede aliviar las tribulaciones del hombre.

Querido creyente, todos hemos tenido nuestro momento de conflicto, pero debes confesar que no fue en el monte de los Olivos, en el monte Sinaí ni en el monte Tabor que hallaste consuelo. No, fue «Getsemaní» (Mateo 26:36), «Gábata» (Juan 19:13) y el «Gólgota» (Juan 19:17) los que se usaron para consolarte. Las hierbas amargas de Getsemaní muchas veces han quitado la amargura de tu vida, los azotes de Gábata muchas veces han disipado tus preocupaciones y los lamentos del Gólgota te han producido un impensado y generoso consuelo. Jamás habríamos conocido la totalidad de la altura ni la profundidad del amor de Cristo si él no hubiera experimentado la muerte, ni tampoco hubiéramos podido intuir el profundo afecto del Padre si no nos hubiera dado a su Hijo para que muriera.

Las bendiciones comunes y cotidianas que disfrutamos dan cuenta del amor de Cristo de la misma forma que una conchilla acercada al oído repite el sonido de las profundidades marinas de donde provino. No obstante, si deseamos escuchar el océano, no debemos limitarnos a contemplar las bendiciones diarias sino el evento de la crucifixión. Aquel que verdaderamente quiera conocer el amor debe ir al Calvario y ver morir al «varón de dolores» (Isaías 53:3).

De la pluma de Jim Reimann:

George Bennard (1873-1958) escribió «En el monte Calvario» veintiún años después de la muerte de Spurgeon en 1913. Sin embargo, la predicación de Spurgeon siempre estuvo tan centrada en la cruz, que con seguridad él habría amado este himno:

En el monte Calvario estaba una cruz,
    emblema de afrenta y dolor,
mas yo amo esa cruz do murió mi Jesús
    por salvar al más vil pecador.

Padre, «en cuanto a mí, jamás se me ocurra jactarme de otra cosa sino de la cruz de nuestro Señor Jesucristo, por quien el mundo ha sido crucificado para mí, y yo para el mundo» (Gálatas 6:14).

DÍA 28

Como agua he sido derramado;
dislocados están todos mis huesos.

Salmo 22:14

De la pluma de Charles Spurgeon:

¿Acaso la tierra o el cielo alguna vez contemplaron un espectáculo de sufrimiento, dolor y aflicción más triste que el de la cruz? En su alma y en su cuerpo nuestro Señor se sintió tan débil como si hubiera «sido derramado» como agua en el suelo. Cuando levantaron la cruz y la dejaron caer de golpe en el pozo, él recibió una violenta sacudida. Cada ligamento de su cuerpo estaba muy tirante, cada nervio transmitió dolor, y «dislocados están todos [sus] huesos». Con la presión de su propio cuerpo que lo desgarraba, el majestuoso Sufriente sintió una tensión creciente, segundo a segundo, durante aquellas seis largas horas. Le sobrevenía una sensación de vahído y debilidad generalizada, sin embargo, al mismo tiempo estaba consciente del sufrimiento masivo y de los tremendos dolores.

Cuando Daniel tuvo su «gran visión», describió sus sensaciones de la siguiente manera: «Las fuerzas me abandonaron, palideció mi rostro, y me sentí totalmente desvalido» (Daniel 10:8). ¡Cuánta más debilidad y sensación de desvanecimiento habrá experimentado el gran Profeta cuando vio la espantosa visión de la ira de Dios y luego sintió que se derramaba sobre su propia alma!

El indescriptible dolor y sufrimiento que experimentó el Salvador habría sido demasiado para cualquiera de nosotros y la bendición de caer en la inconsciencia hubiera significado un alivio. Sin embargo, en ese caso «fue traspasado» (Isaías 53:5) y sintió el agudo dolor que le provocó la espada y bebió la «copa» (Mateo 26:39, RVR 1960) hasta la última gota.

¡Oh Rey de dolores! (extraño título, pero cierto,
   solo aplicable a ti entre todos los reyes)
¡Oh Rey de las heridas! ¡Cómo podría sufrir por aquel,
   que con dolor se entregó a sí mismo por mí!

GEORGE HERBERT, 1593-1633

Al arrodillarnos ante el trono de nuestro Salvador ascendido, recordemos la manera en que él preparó su trono como un trono de gracia para nosotros. Que bebamos en sentido espiritual de su copa para sentirnos fortalecidos en nuestros momentos de prueba cada vez que se presenten. Sufrió cada parte de su cuerpo físico y lo mismo debió suceder en el aspecto espiritual. Al igual que su cuerpo indemne emergió de tan grande sufrimiento y dolor a la indescriptible gloria y poder, emergerá su cuerpo espiritual del horno ardiente sin «siquiera [oler] a humo» (Daniel 3:27).

De la pluma de Jim Reimann:

Nuestro texto de hoy nos habla de ser «derramado» «como agua», una profecía del Antiguo Testamento acerca de la muerte venidera del Mesías. Y Jesús, en la última cena, alzó su copa diciendo: «Esto es mi sangre del pacto, que es *derramada* por muchos para el perdón de pecados» (Mateo 26:28). Luego de su muerte en la cruz «uno de los soldados le abrió el costado con una lanza, y al instante le brotó sangre y agua» (Juan 19:34). ¡Qué cumplimiento asombrosamente preciso y detallado!

Más adelante Pablo usó expresiones similares para describir su muerte inminente: «Porque yo ya estoy para ser *derramado* como una ofrenda de libación, y el tiempo de mi partida ha llegado. He peleado la buena batalla, he terminado la carrera, he guardado la fe» (2 Timoteo 4:6-7, LBLA).

Padre, que mi vida se pueda derramar ante ti como una bendita ofrenda de libación.

DÍA 29

Dios mío, Dios mío, ¿por qué me has abandonado?

Salmo 22:1

De la pluma de Charles Spurgeon:

En este versículo vemos al Salvador en lo más profundo de su angustia. En ningún otro lugar se nos muestra la pasión de Cristo tan bien como en el Calvario, y en ningún otro momento del Calvario es tan profunda la agonía como cuando el grito de Jesús atraviesa el aire: «Dios mío, Dios mío, ¿por qué me has desamparado?» (Mateo 27:46). En aquel momento su debilidad física se combina con la severa tortura mental de la vergüenza y la deshonra por las que tenía que pasar. Y lo peor de todo, lo que en definitiva marcó el punto culminante de su sufrimiento fue la agonía espiritual indescriptible que padeció como resultado del alejamiento de la presencia de Dios de su lado. Esta fue la más oscura noche del desgarrador padecimiento de Jesús y el punto en que descendió al más profundo abismo de su sufrimiento.

Ningún ser humano es capaz de comprender plenamente el significado de sus palabras, aunque a veces nosotros también deseamos exclamar: «Dios mío, Dios mío, ¿por qué me has desamparado?» Hay etapas de nuestra vida en las que «nubes y oscuridad» (Salmo 97:2, RVR 1960) opacan el brillo de la sonrisa del Padre, pero siempre debemos recordar que Dios nunca nos abandona. A veces sentimos una sensación de abandono, pero es solo una sensación. Sin embargo, en el caso de Cristo, él sí fue abandonado. Nos consterna percibir un leve distanciamiento del amor del Padre, pero Dios sí apartó su rostro del Hijo. ¿Quién podría alguna vez calcular la tremenda agonía que esto le produjo? En nuestro caso, nuestras penas son a causa de nuestra incredulidad, pero en el suyo, fue el grito agónico de un hecho espantoso y atroz: Dios se apartó de él durante un tiempo.

Ay, pobre alma afligida; tú que una vez viviste ante el brillo del rostro de Dios pero que ahora te encuentras en la oscuridad, recuerda que él nunca te ha abandonado. Dios, oculto tras las nubes, sigue siendo nuestro Dios como cuando brilla en el pleno esplendor de su gracia.

Sin embargo, si el simple pensamiento de que él pudiera abandonarnos nos produce una angustiosa agonía, imagina el intenso sufrimiento del Salvador cuando exclamó: «Dios mío, Dios mío, ¿por qué me has desamparado?»

De la pluma de Jim Reimann:

Ciertamente él cargó con nuestras enfermedades y soportó nuestros dolores, pero nosotros lo consideramos herido, golpeado por Dios, y humillado. Él fue traspasado por nuestras rebeliones, y molido por nuestras iniquidades; sobre él recayó el castigo, precio de nuestra paz, y gracias a sus heridas fuimos sanados.

ISAÍAS 53:4-5

Cuántas veces me encuentro afligido por las adversidades de esta vida, sin embargo, Jesús padeció mucho más a mi favor. Con el tiempo he aprendido que el Señor usa hasta mis escasas dificultades para hacerme conforme a la imagen de su Hijo, pero aun así, a menudo me quejo.

Padre ¡cambia mi manera de pensar! Ayúdame a considerar los sufrimientos de mi Señor Jesús cuando me siento tentado a protestar. Que verdaderamente pueda ver cuán bendito soy de ser considerado capaz de «participar en sus sufrimientos» (Filipenses 3:10).

«Maltratado y humillado, *ni siquiera abrió su boca*; como cordero, fue llevado al matadero; como oveja, enmudeció ante su trasquilador; y *ni siquiera abrió su boca*» (Isaías 53:7).

DÍA 30

La preciosa sangre de Cristo.

1 Pedro 1:19

De la pluma de Charles Spurgeon:

Cuando estamos a los pies de la cruz vemos que de las manos, los pies y el costado de Cristo brotan hilos carmesíes de su preciosa sangre. Es «la preciosa sangre» por su capacidad redentora y expiatoria. A través de ella se produce la expiación de los pecados del pueblo de Cristo, el pueblo es redimido y reconciliado con Dios: unido a él.

Su sangre también es preciosa por su poder limpiador: «Nos limpia de todo pecado» (1 Juan 1:7). «Si vuestros pecados fueren como la grana, como la nieve serán emblanquecidos» (Isaías 1:18, RVR 1960). Por medio de la sangre de Jesús, no queda ni una mancha en el creyente. Somos «sin mancha ni arruga ni ninguna otra imperfección» (Efesios 5:27).

Oh, preciosa sangre que nos limpia, que quita toda mancha de nuestros incontables pecados y nos permite ser aceptos en Jesús a pesar de todas las maneras en que nos hemos rebelado contra nuestro Dios.

La sangre de Cristo también es preciosa debido a su poder preservador, dado que bajo su sangre rociada estamos a salvo del ángel destructor. Recuerda, la verdadera razón por la que somos perdonados es porque Dios ve la sangre. Esto debiera reconfortarnos, porque aunque nuestros ojos de la fe se tornen borrosos, los de Dios permanecen firmes y constantes.

Su sangre también es preciosa por el poder y la influencia santificadora en nuestra vida. La misma sangre que nos justifica quitándonos los pecados en la salvación sigue actuando, dándole vida a nuestra nueva naturaleza e impulsándonos a contener el pecado y obedecer los mandamientos de Dios. Jamás podrá haber una motivación mayor a la santidad que la que brotó de las venas de Jesús.

Y cuán preciosa (indescriptiblemente preciosa) es su sangre porque tiene poder vencedor: «Ellos lo han vencido por medio de la sangre del Cordero» (Apocalipsis 12:11). ¡Cómo podrían hacerlo ellos de otro modo! El que pelea usando la preciosa sangre de Jesús emplea un arma que jamás conocerá derrota.

¡La sangre de Jesús! El pecado muere ante su presencia y la muerte ya no es muerte, porque es la que abre las puertas del cielo. ¡La sangre de Jesús! ¡Marcharemos a la victoria y a la conquista siempre que confiemos en su poder!

De la pluma de Jim Reimann:

Cristo ... al presentarse como sumo sacerdote de los bienes definitivos en el tabernáculo más excelente y perfecto, no hecho por manos humanas (es decir, que no es de esta creación), entró una sola vez y para siempre en el Lugar Santísimo. No lo hizo con sangre de machos cabríos y becerros, sino con su propia sangre, logrando así un rescate eterno. La sangre de machos cabríos y de toros, y las cenizas de una novilla rociadas sobre personas impuras, las santifican de modo que quedan limpias por fuera. Si esto es así, ¡cuánto más la sangre de Cristo, quien por medio del Espíritu eterno se ofreció sin mancha a Dios, purificará nuestra conciencia de las obras que conducen a la muerte, a fin de que sirvamos al Dios viviente!

HEBREOS 9:11-14

¿Por qué entonces valoro las cosas de este mundo? No son nada comparadas con la sangre preciosa. Que siempre yo contemple «al Cordero de Dios, que quita el pecado del mundo» (Juan 1:29) y considere a «aquel que perseveró frente a tanta oposición por parte de los pecadores, para que no [me canse ni pierda] el ánimo» (Hebreos 12:3). Y que siempre recuerde que «en la lucha que [libro] contra el pecado, todavía no [he] tenido que resistir hasta derramar [mi] sangre» (Hebreos 12:4).

¡Él derramó su sangre por mí!

DÍA 31

Sin embargo, en todo esto somos más que
vencedores por medio de aquel que nos amó.

Romanos 8:37

De la pluma de Charles Spurgeon:

Acudimos a Cristo en busca de perdón, pero luego, con demasiada
frecuencia, vamos a la ley buscando el poder para batallar contra
nuestro pecado. Sin embargo, Pablo nos reprende por esto: «¡Oh gálatas insensatos! ¿quién os fascinó para no obedecer a la verdad ... Esto
solo quiero saber de vosotros: ¿Recibisteis el Espíritu por las obras de
la ley, o por el oír con fe? ¿Tan necios sois? ¿Habiendo comenzado por
el Espíritu, ahora vais a acabar por la carne?» (Gálatas 3:1-3, RVR 1960).

Lleva tus pecados a la cruz de Cristo ya que el viejo hombre solo puede ser crucificado allí porque «nuestra vieja naturaleza fue crucificada
con él» (Romanos 6:6). La única arma para pelear contra el pecado es
la lanza que atravesó el costado de Jesús.

Permíteme dar un ejemplo. Si deseas superar tu temperamento
propenso al enojo, ¿cómo lograrlo? Es muy posible que jamás hallas
probado la única manera correcta: acudir a Jesús.

¿Cómo recibí la salvación? Acudí a Jesús tal como soy y confié en
que él me salvara. Por lo tanto, de esa misma manera debo hacer morir
mi mal temperamento. Es la única manera de matarlo definitivamen-
te. Debo llevarlo a la cruz y decirle a Jesús: «Señor, confío en que tú
me libres de esto». No hay otra manera de asestarle un golpe mortal.

¿Eres codicioso? ¿Estás enredado en «las cosas de este mundo»
(1 Corintios 7:31)? Puedes luchar contra diversos males en tu vida,
pero si hay uno que te atrapa, jamás podrás liberarte de él de ninguna
manera, hagas lo que hagas, excepto por la sangre de Jesús. Llévalo a
los pies de Cristo y dile: «Señor, he confiado en ti. Tu nombre es Jesús

«porque [tú salvarás a tu] pueblo de sus pecados» (Mateo 1:21). Señor, este es uno de mis pecados. ¡Sálvame de él!

La ley no es nada sin Cristo como el medio por el cual hacer morir nuestro pecado. Todas tus oraciones, toda ocasión de arrepentimiento y todas tus lágrimas; la combinación de todas ellas no valen nada fuera de él.

Nadie puede hacerle bien a un pecador sin esperanza (ni a un santo sin esperanza), solo Jesucristo. Si quieres ser un vencedor, lo serás únicamente «por medio de aquel que [te] amó» (Romanos 8:37). Tus coronas de laureles deben crecer entre sus olivos en Getsemaní.

De la pluma de Jim Reimann:

Soy tan necio como los gálatas al pensar que mis obras, que no me traen salvación, de alguna manera pueden guardar o preservar esa salvación para mí. De ser ese el caso, mi salvación eterna sería el resultado de mis obras (no de la obra de Cristo) y su muerte carecería de sentido. Jesús oró: «Padre mío, si es posible, no me hagas beber este trago amargo» (Mateo 26:39). No fue posible. Él tuvo que «beber» la copa de sufrimiento en la cruz. ¡No había otro camino!

Y si su muerte solo era suficiente para los pecados que yo cometí antes de que él me salvara, pero no para mis pecados futuros, entonces tendría que volver a morir una y otra vez cada vez que peco. Analiza las siguientes palabras de Hebreos:

«Ni entró en el cielo para ofrecerse vez tras vez, como entra el sumo sacerdote en el Lugar Santísimo cada año ... Si así fuera, Cristo habría tenido que sufrir muchas veces ... Al contrario, ahora, al final de los tiempos, *se ha presentado una sola vez y para siempre a fin de acabar con el pecado mediante el sacrificio de sí mismo*» (Hebreos 9:25-26).

DÍA 32

Acuérdate de la palabra que diste a este siervo tuyo,
palabra con la que me infundiste esperanza.

Salmo 119:49

De la pluma de Charles Spurgeon:

Cualquiera sea tu necesidad especial, enseguida podrás hallar en la Biblia una promesa que la supla. ¿Te sientes débil y cansado porque tu camino es difícil? Aquí tienes una promesa: «Él fortalece al cansado y acrecienta las fuerzas del débil» (Isaías 40:29). Entonces, cuando lees esta promesa, llévasela al que la hizo y pídele que cumpla su palabra.

¿Andas buscando a Cristo, sediento de tener una comunión más íntima con él? Pues esta promesa brillará como una estrella sobre ti: «Dichosos los que tienen hambre y sed de justicia, porque serán saciados» (Mateo 5:6). Lleva continuamente esa promesa ante el trono y no pidas otra cosa. Tan solo preséntate ante Dios con esto: «Y ahora, Señor y Dios, reafirma para siempre la promesa que les has hecho a tu siervo y a su dinastía. Cumple tu palabra» (2 Samuel 7:25).

¿Te encuentras agobiado por el pecado en tu vida y por la pesada carga de tus iniquidades? Entonces, presta atención a estas palabras: «Yo soy el que por amor a mí mismo borra tus transgresiones y no se acuerda más de tus pecados» (Isaías 43:25). Como no hay ningún mérito personal por el que puedas rogar su perdón, reclama sus pactos escritos y él los cumplirá.

¿Temes que no seas capaz de soportar el fin habiendo creído ser un hijo de Dios? ¿Te asusta que aunque eres un hijo de Dios, al final te veas marginado? Si esto es lo que te atemoriza, entonces toma esta palabra de gracia y preséntala en un ruego ante su trono: «Aunque cambien de lugar las montañas y se tambaleen las colinas, no cambiará mi fiel amor por ti ni vacilará mi pacto de paz» (Isaías 54:10).

Si has perdido la dulce sensación de la presencia del Salvador y lo estás buscando con un corazón afligido, recuerda estas promesas: «Vuélvanse a mí, y yo me volveré a ustedes» (Malaquías 3:7); y «Te abandoné por un instante, pero con profunda compasión volveré a unirme contigo» (Isaías 54:7).

No importa cuáles sean tus temores o tus anhelos, permite que tu fe se deleite en las palabras de Dios. Luego regresa al banco de la fe con un cheque firmado por la mano de tu Padre y dile: «Acuérdate de la palabra que diste a este siervo tuyo, palabra con la que me infundiste esperanza».

De la pluma de Jim Reimann:

A veces puede parecer un poco pretencioso de nuestra parte presentarnos ante el trono de Dios y decirle, como lo hizo el rey David: «Cumple tu palabra». Suena impertinente aun en labios de un rey, ¿no es verdad? ¡Y quizás hasta también sea abusivo de nuestra parte!

Sin embargo, es exactamente lo que el Señor quiere que hagamos. Su Palabra declara: «No tienen, porque no piden» (Santiago 4:2-3); «Pídeme, y como herencia te entregaré las naciones; ¡tuyos serán los confines de la tierra!» (Salmo 2:8); y «No me escogieron ustedes a mí, sino que yo los escogí a ustedes y los comisioné para que vayan y den fruto, un fruto que perdure. Así el Padre les dará todo lo que le pidan en mi nombre» (Juan 15:16).

Te agradezco, Padre, porque no eres solo un Dios que hace promesas sino también un Dios que las cumple.

DÍA 33

En este mundo afrontarán aflicciones.

Juan 16:33

De la pluma de Charles Spurgeon:

Amado creyente, ¿acaso te preguntas por qué razón esto es así? Alza los ojos a tu Padre celestial y contempla su pureza y su santidad. ¿Te has dado cuenta de que un día serás como él? ¿Acaso crees que será algo fácil ser hecho conforme a su imagen? (Ver Romanos 8:29.) ¿No necesitas ser refinado «en el horno de la aflicción» (Isaías 48:10) para llegar a ser puro? ¿Será un proceso sencillo liberarte de tus impurezas pecaminosas para hacerte perfecto, «así como [tu] Padre celestial es perfecto» (Mateo 5:48)?

Luego, querido cristiano, baja tu mirada. ¿Te das cuenta de los enemigos que tienes bajo tus pies? Una vez fuiste siervo de Satanás y ningún rey pierde a sus súbditos de buena gana. ¿En verdad piensas que Satanás te dejará tranquilo? No, te acechará de continuo porque él «ronda como león rugiente, buscando a quién devorar» (1 Pedro 5:8). Por lo tanto, hermano, espera problemas cuando mires debajo de tus pies.

A continuación, observa a tu alrededor. ¿Te has dado cuenta adónde estás? Estás en territorio enemigo, eres un «extranjero y forastero» en su tierra. El mundo no te será amigable. Si lo es, entonces no eres amigo de Dios, dado que «la amistad con el mundo es enemistad con Dios» (Santiago 4:4). Ten por seguro que hallarás enemigos en todas partes. Cuando duermas, recuerda que estás descansando en el campo de batalla, y cuando camines, espera una emboscada detrás de cada esquina. Así como se dice que los mosquitos pican más a los extranjeros que a los nativos, también las pruebas de este mundo serán más duras para ti.

Por último, mira en tu interior, en tu corazón y observa lo que hay allí. El pecado y el yo siguen presentes. Si no tuvieras un diablo que te tentara, ni enemigos contra quienes batallar ni un mundo que te atrape, de todas formas hallarás suficiente maldad dentro de ti que te ocasione graves problemas, porque «engañoso es el corazón más que todas las cosas, y perverso» (Jeremías 17:9, RVR 1995).

Por tanto, espera problemas pero no desmayes a causa de ellos, porque Dios estará contigo para ayudarte y fortalecerte. Él ha dicho: «estaré [contigo] en momentos de angustia; [te] libraré y [te] llenaré de honores» (Salmo 91:15).

De la pluma de Jim Reimann:

¡David estaba en lo cierto! Él conocía su pecaminosidad, porque escribió: «Yo reconozco mis transgresiones; siempre tengo presente mi pecado» (Salmo 51:3). Sin embargo, confió en Dios al pedirle: «Crea en mí, oh Dios, un corazón limpio, y renueva la firmeza de mi espíritu» (Salmo 51:10).

Y cuando se presentaron los problemas, de nuevo acertó porque dijo:

> Una sola cosa le pido al SEÑOR, y es lo único que persigo: habitar en la casa del SEÑOR ... Porque en el día de la aflicción él me resguardará en su morada ... y me pondrá en alto, sobre una roca. Me hará prevalecer frente a los enemigos que me rodean; en su templo ofreceré sacrificios de alabanza y cantaré salmos al SEÑOR. Oye, SEÑOR, mi voz cuando a ti clamo; compadécete de mí y respóndeme. El corazón me dice: «¡Busca su rostro!» Y yo, SEÑOR, tu rostro busco.
>
> SALMO 27:4-8

Querido Padre, sé que «algunos confían en sus carros de guerra, otros confían en sus caballos, pero nosotros sólo confiamos en nuestro Dios» (Salmo 20:7, TLA).

DÍA 34

¿Hará acaso el hombre dioses para sí? Mas ellos no son dioses.

Jeremías 16:20, RVR 1960

De la pluma de Charles Spurgeon:

Uno de los pecados más persistentes y conflictivos del antiguo Israel fue la idolatría y nosotros, como el Israel espiritual, estamos sujetos a la misma necedad. «La estrella del dios Refán» (Hechos 7:43) ya no brilla más, y las mujeres ya no están «llorando a Tamuz» (Ezequiel 8:14, RVR 1995); pero el dios del dinero sigue imponiendo su becerro de oro y los santuarios del orgullo no han sido abandonados.

El yo en sus diversas formas lucha por someter bajo su dominio a los escogidos de Dios y la carne levanta sus altares donde puede hallar un lugar. Estos «hijos consentidos» muchas veces son la causa de gran parte del pecado de los creyentes, y el Señor sufre cuando nos ve que los adoramos de manera obsesiva. Si lo seguimos haciendo, se convertirán en una maldición tan grande como lo fue Absalón para David.

Es cierto que «ellos no son dioses», dado que estos objetos de nuestro necio amor son bendiciones muy dudosas. Las comodidades y el consuelo que nos brindan son peligrosos y es escasa la ayuda que nos podrían brindar en un momento de prueba. ¿Por qué, entonces, nos dejamos cautivar tanto por estas vanidades de la vida? Nos compadecemos de los pobres paganos que adoran a un dios de piedra, y nosotros adoramos al dios dinero. ¿Y acaso nuestro dios de la carne es superior a uno hecho de madera?

A decir verdad, la necesidad de estos pecados es la misma en todos los casos. Sin embargo, en nuestro caso es más grave porque tenemos más luz y pecamos en el rostro mismo de nuestro Dios. Los paganos se inclinan ante una falsa deidad y jamás conocieron al verdadero

Dios; nosotros cometemos dos males: abandonamos al Dios vivo para volvernos a los ídolos.

¡Que el Señor nos limpie de semejante iniquidad!

El más preciado ídolo que haya conocido,
Cualquiera sea este
Ayúdame a quitarlo de tu santo trono
Para adorarte solo a ti, Señor.

WILLIAM COWPER, 1731-1800

De la pluma de Jim Reimann:

Tanto los creyentes como los incrédulos suelen decir: «El dinero no hace la felicidad», no obstante, pareciera que nuestras acciones intentaran probar lo contrario. Es más, los dioses del dinero, el poder, el sexo y las drogas parecieran gobernar nuestra cultura. ¿Cuándo reconoceremos por fin que esto no es más que idolatría?

Esto es lo que el Señor dice: «Pero si ustedes me abandonan, y desobedecen los decretos y mandamientos que les he dado, y se apartan de mí para servir y adorar a otros dioses, los desarraigaré de la tierra que les he dado» (2 Crónicas 7:19-20a).

No obstante, no desesperes, porque la esperanza del creyente está en la obediencia al Señor y en sumisión a su voluntad.

«Si mi pueblo, que lleva mi nombre, se humilla y ora, y me busca y abandona su mala conducta, yo lo escucharé desde el cielo, perdonaré su pecado y restauraré su tierra» (2 Crónicas 7:14).

Padre, es mi oración que tú nos des «arrepentimiento y perdón» (Hechos 5:31) por nuestro pecado de idolatría y que restaures nuestra «tierra».

DÍA 35

Yo seré su Dios, y ellos serán mi pueblo.

2 Corintios 6:16

De la pluma de Charles Spurgeon:

¡Qué nombre tan maravilloso: «mi pueblo»! ¡Qué revelación para elevar el espíritu: «su Dios»! Hay muchísimo significado, algo sumamente especial, expresado en esas dos palabras: «mi pueblo».

«Al Señor tu Dios le pertenecen los cielos y lo más alto de los cielos, la tierra y todo lo que hay en ella» (Deuteronomio 10:14) y él reina entre «los hijos de los hombres» (Salmo 21:10, RVR 1960). Sin embargo, solo sus escogidos que han sido comprados por él mismo (y nadie más que ellos) son llamados «mi pueblo». Estas palabras dan idea de propiedad y de una relación especial. «Porque la porción del Señor es su pueblo; Jacob es su herencia asignada» (Deuteronomio 32:9).

Todas las naciones de la tierra son suyas y la totalidad del mundo está bajo su control, pero ellos son su pueblo, sus escogidos. Y más que eso, son su posesión dado que él ha hecho por ellos más que por cualquier otro, puesto que los ha «[adquirido] con su propia sangre» (Hechos 20:28). Los compró para sí y concentró la totalidad de su afecto en ellos porque los amó «con amor eterno» (Jeremías 31:3), un amor que «ni las muchas aguas pueden apagarlo» (Cantares 8:7), y un amor que el paso del tiempo jamás hará menguar en lo más mínimo.

Querido amigo, ¿puedes tú, por la fe, verte entre ellos? ¿Puedes mirar al cielo y decir: «"¡Señor mío y Dios mío!" (Juan 20:28). Mío por la relación íntima que me capacita para llamarte Padre. Mío por la santa comunión que tengo contigo, para mi deleite, cuando tú te dignas a revelarte ante mí, algo que nunca haces a los del mundo»?

¿Puedes leer su Palabra inspirada y hallar el certificado de tu salvación? ¿Eres capaz de leer tu nombre escrito en su preciosa sangre?

¿Puedes, con humildad y por fe, tomarte del manto de Jesús y decir: «Mi Cristo»?

Si puedes hacerlo, entonces Dios te llama a ti y a otros como tú: «mi pueblo»; porque si Dios es tu Dios y Cristo es tu Cristo, el Señor tiene una afinidad especial y particular hacia ti. Eres el objeto de su elección y has sido «[acepto] en el Amado» (Efesios 1:6, RVR 1960).

De la pluma de Jim Reimann:

Sí, pertenecemos a Cristo. Sin embargo, lo que parece todavía más asombroso es que hemos sido declarados miembros hechos y derechos de su familia. ¡Somos sus hijos!

Las Escrituras enseñan que los creyentes son hijos adoptivos de Abraham. Por tanto, no somos hijos de Dios en el sentido físico sino espiritual, porque «los hijos de Dios no son los descendientes naturales; más bien, se considera descendencia de Abraham a los hijos de la promesa» (Romanos 9:8). «Por lo tanto, sepan que los descendientes de Abraham son aquellos que viven por la fe» (Gálatas 3:7).

«El Espíritu mismo le asegura a nuestro espíritu que somos hijos de Dios. Y si somos hijos, somos herederos; herederos de Dios y coherederos con Cristo, pues si ahora sufrimos con él, también tendremos parte con él en su gloria» (Romanos 8:16-17).

Como sus hijos, «todo es de ustedes … el universo, o la vida, o la muerte, o lo presente o lo por venir; todo es de ustedes, y ustedes son de Cristo, y Cristo es de Dios» (1 Corintios 3:21-23).

¡Qué asombroso es *nuestro* Salvador!

DÍA 36

Lo siguió mucha gente, y sanaba a todos.

Mateo 12:15, RVR 1995

De la pluma de Charles Spurgeon:

¡Qué asombrosa cantidad de enfermedades terriblemente espantosas y repugnantes habrán pasado ante los ojos de Jesús! No obstante, no leemos que él se haya molestado; al contrario, atendió con paciencia cada caso. ¡Qué variedad de males sin precedentes se habrán reunido a sus pies! ¡Cuántas heridas abiertas, olorosas y nauseabundas habrá presenciado! Sin embargo, él siempre estuvo preparado para cada nueva faceta del mal y salió victorioso cualquiera fuera la forma bajo la cual se presentara el mal.

Las flechas de maldad podían volar provenientes de donde fuera, pero él siempre apagó su poder abrasador. Tanto el calor de la fiebre, el frío de la mala circulación, los temblores de la parálisis, los arrebatos de la locura, la inmundicia de la lepra como la oscuridad de la ceguera, todos conocieron el poder de su palabra y huyeron ante su orden. No importa cuál fuera la dolencia, él triunfó sobre el mal y recibió la honra de parte de los cautivos que liberó.

Él vino, él vio, él conquistó … ¡por todas partes! Y en esta mañana esto sigue siendo así. Cualquiera sea mi problema específico, mi Médico amado puede sanarme. Y cualquiera sea la condición de aquellos a quienes yo recuerde en oración en este momento, pueden tener la esperanza en Jesús de que él será capaz de sanarlos de sus pecados. Sea mi hijo, mi amigo o la persona que yo más quiera, puedo tener esperanza por cada uno de ellos al tan solo recordar el poder sanador de mi Señor.

Cualquiera sea mi situación personal, ya sea que esté luchando con el pecado o con una enfermedad grave, puedo «[tener] ánimo» (Mateo 9:2, RVR 1995). Aquel que una vez anduvo por este mundo, trayendo sanidad por donde iba, sigue dispensando su gracia y hoy obra milagros entre la gente. En este momento permíteme acudir a él de todo corazón.

Déjame alabarle en esta mañana al recordar cómo ha obrado sus sanidades espirituales que lo hicieron tan conocido. Él cargó con nuestras dolencias, porque «por sus llagas fuimos nosotros curados» (Isaías 53:5, RVR 1995). La iglesia aquí en la tierra está llena de almas que nuestro amado Médico ha sanado, y los habitantes del cielo confiesan: «sanaba a todos» (Mateo 12:15, RVR 1995).

Oh, ven, alma mía, y dile al mundo de la bondad de su gracia. «Esto le dará renombre al SEÑOR; será una señal que durará para siempre» (Isaías 55:13).

De la pluma de Jim Reimann:

Todos padecemos una enfermedad mortal: la enfermedad del pecado. Por fortuna, el Médico divino «vino a buscar y a salvar» (Lucas 19:10) a los pecadores; tal como Jesús le dijo a Zaqueo, el odiado recaudador de impuestos. Resulta irónico que en la historia de Mateo, otro recaudador de impuestos, sea donde Jesús compara la necesidad de médico que tiene un enfermo con la necesidad que tiene el pecador de un salvador:

> Mientras Jesús estaba comiendo en casa de Mateo, muchos recaudadores de impuestos y pecadores llegaron y comieron con él y sus discípulos. Cuando los fariseos vieron esto, les preguntaron a sus discípulos: «¿Por qué come su maestro con recaudadores de impuestos y con pecadores?». Al oír esto, Jesús les contestó: «No son los sanos los que necesitan médico sino los enfermos … Porque no he venido a llamar a justos sino a pecadores».
>
> MATEO 9:10-13

Te agradezco, amado Dios, por Jesús, el «bálsamo en Galaad» (Jeremías 8:22), *y mi Médico divino.*

DÍA 37

Nos ha bendecido … con toda bendición espiritual en Cristo.

Efesios 1:3

De la pluma de Charles Spurgeon:

Cristo bendice a su pueblo con toda bendición del pasado, del presente y del futuro. En las misteriosas épocas pasadas, el Señor Jesús fue la primera elección de su Padre y compartimos un interés en tal elección porque «Dios nos escogió *en él* antes de la creación del mundo» (Efesios 1:4). Desde la eternidad pasada él ha disfrutado todos los privilegios de ser el amado «Hijo unigénito» (Juan 1:14) del Padre. Y «según las riquezas de su gracia» (Efesios 1:7, RVR 1960) por adopción y regeneración también nos ha elevado a la categoría de hijos y nos ha dado «el derecho de ser hijos de Dios» (Juan 1:12).

El pacto eterno, basado en la obligación de su cumplimiento y dado que se «confirmó con un juramento», es nuestro; nuestro para «fortísimo consuelo» (Hebreos 6:17-18, RVR 1995) y plena seguridad. En el eterno y sólido fundamento de la sabiduría que predestinó y por un decreto omnipotente, los ojos del Señor Jesús se han fijado por siempre en nosotros. Y podemos descansar seguros sabiendo que en toda la eternidad venidera no hay poder opositor que prevalezca contra los intereses de sus redimidos.

La grandiosa propuesta matrimonial del Príncipe de gloria es nuestra, porque con nosotros se ha comprometido, y pronto será declarado a la totalidad del universo por medio de los votos matrimoniales sagrados. El milagro de la encarnación del Dios del cielo, junto con la asombrosa sumisión y humillación que vienen con él, es nuestro. El efecto de su sudor de sangre, los azotes y la cruz son nuestros para siempre. Todas las gloriosas consecuencias que fluyen de su perfecta obediencia y expiación consumada así como su resurrección, su ascensión y la intercesión son nuestras, porque son parte de su regalo.

Ahora él lleva nuestro nombre en su coraza y con autoridad intercede a nuestro favor, recordándonos por nombre y presentando nuestro caso ante el trono. Él emplea su dominio sobre «autoridades» y «potestades» (Efesios 6:12) y su absoluta majestad en el cielo es en beneficio de aquellos que confían en él. Su alta condición es tanto para nuestro beneficio como lo ha sido su humillación. Aquel que se entregó por nosotros hasta las profundidades del sufrimiento y de la muerte no retira el regalo ahora que está sentado en el trono de las alturas celestiales.

De la pluma de Jim Reimann:

No solo está nuestro Salvador sentado en las alturas celestiales sino que «[Dios] juntamente con él [Cristo] nos resucitó, y asimismo nos hizo sentar en los lugares celestiales con Cristo Jesús» (Efesios 2:6, RVR 1960) y «nosotros somos ciudadanos del cielo» (Filipenses 3:20).

Sin embargo, ¿a veces no te preguntas: «Si esto es así, ¿por qué es mi vida tan difícil? ¿Por qué son mis circunstancias tan agobiantes?»?

¿Podría ser que estuvieras enfocando tus ojos en las cosas equivocadas? Nuestro amoroso y soberano Señor usa «todas las cosas para el bien de quienes lo aman» (Romanos 8:28) y nos manda que «fijemos la mirada en Jesús» (Hebreos 12:2). Debemos mantener la mirada puesta en el cielo porque «nosotros somos ciudadanos del cielo, de donde anhelamos recibir al Salvador, el Señor Jesucristo» (Filipenses 3:20).

Señor Jesús, gracias por haberme elegido «desde antes de la fundación del mundo». Gracias por interceder a mi favor ante el trono celestial y, por favor, ayúdame a recordar que mi ciudadanía eterna está contigo. Ayúdame, te ruego, a mantener la mirada puesta en el cielo mientras aguardo tu regreso con enorme expectativa.

DÍA 38

Cristo ha sido levantado de entre los muertos.

1 Corintios 15:20

De la pluma de Charles Spurgeon:

Todo nuestro sistema de fe descansa en el hecho de que «si Cristo no ha resucitado, nuestra predicación no sirve para nada, como tampoco la fe de ustedes» y que ustedes «todavía están en sus pecados» (1 Corintios 15:14,17). La prueba más certera de la divinidad de Cristo es su resurrección dado que él «fue designado con poder Hijo de Dios por la resurrección» (Romanos 1:4). Por tanto, si no hubiera resucitado, habría sido razonable dudar de su deidad.

La soberanía de Cristo también depende de su resurrección, «para esto mismo murió Cristo, y volvió a vivir, para ser Señor tanto de los que han muerto como de los que aún viven» (Romanos 14:9). Nuestra justificación, una de las más grandes bendiciones del pacto, está relacionada con la triunfante victoria de Cristo sobre la muerte y también sobre la tumba, porque «él fue entregado a la muerte por nuestros pecados, y resucitó para nuestra justificación» (Romanos 4:25). Por tanto, aun nuestra regeneración está ligada a su resurrección porque él «nos ha hecho nacer de nuevo mediante la resurrección de Jesucristo, para que tengamos una esperanza viva» (1 Pedro 1:3).

Lo más importante es que nuestra resurrección final se apoya en su resurrección porque «si el Espíritu de aquel que levantó a Jesús de entre los muertos vive en ustedes, el mismo que levantó a Cristo de entre los muertos también dará vida a sus cuerpos mortales por medio de su Espíritu, que vive en ustedes» (Romanos 8:11). Si Cristo no ha resucitado, entonces nosotros no resucitaremos, pero si él «ha resucitado» (Mateo 28:6), entonces aquellos que durmieron en él no perecieron sino que «en [su] carne [han] de ver a Dios» (Job 19:26, RVR 1995).

En consecuencia, el hilo de plata de la resurrección corre a través de cada bendición del creyente, desde la regeneración hasta la eterna glorificación final, y las asegura unidas. Por tanto, ¿qué podría ser más importante para un creyente que el glorioso hecho de la resurrección de Cristo? ¿Qué podría traer más regocijo que esta gran verdad establecida más allá de toda duda: «Cristo ha sido levantado de entre los muertos»?

La promesa se ha cumplido,
La obra redentora está hecha,
La justicia con la misericordia, reconciliada;
Porque Dios ha resucitado a su Hijo.

JOSEPH HART, 1712-1768

De la pluma de Jim Reimann:

Otro punto a considerar es que si Jesús no se hubiera levantado de entre los muertos, hubiera sido un mentiroso, porque él dijo: «Destruid este templo y en tres días lo levantaré … Pero él hablaba del templo de su cuerpo» (Juan 2:19,21, RVR 1960). Si Jesús era un mentiroso, no habría sido Dios, porque «Dios no es hombre, para que mienta» (Números 23:19, RVR 1995). Y si él no era Dios, no habría podido ser el Cordero sin pecado, el «Cordero de Dios, que quita el pecado del mundo» (Juan 1:29), porque habría heredado una naturaleza pecaminosa como el resto de nosotros.

En resumidas cuentas: lo que creas es importante, en especial lo que se refiere a Jesús y quién es él. Si estamos equivocados en cuanto a él y su resurrección, y «si la esperanza que tenemos en Cristo fuera sólo para esta vida, seríamos los más desdichados de todos los mortales» (1 Corintios 15:19).

DÍA 39

Todo el que cree es justificado.

Hechos 13:39

De la pluma de Charles Spurgeon:

El creyente en Cristo recibe inmediata justificación. La fe no produce este fruto gradualmente, a través del tiempo, sino que lo produce ahora. Como la justificación es el resultado de la fe, se le da al alma en el mismo momento en que acepta a Cristo como «todo en todos» (1 Corintios 15:28) y es también en ese mismo momento que Cristo la salva. ¿Son justificados aquellos que están ante el trono de Dios? Por supuesto, ¡pero también nosotros! Estamos tan verdadera y claramente justificados como los que están vestidos de ropas blancas, como aquellos que incluso ahora entonan alabanzas melodiosas con la música de las arpas celestiales. El ladrón de la cruz fue justificado en el mismo instante en que volvió sus ojos de fe hacia Jesús; el anciano apóstol Pablo, luego de muchos años de servicio, no fue *más* justificado que el ladrón que ni siquiera tuvo la oportunidad de servir.

Hoy somos «aceptos en el Amado» (Efesios 1:6, RVR 1960) y eximidos del pecado. Hoy hemos sido absueltos ante el tribunal de Dios. ¡Qué pensamiento tan movilizador para el alma! Sí, hay algunos racimos de uvas de Escol que no recogeremos hasta que no estemos en el cielo, porque ese racimo pende de las paredes del cielo (ver Números 13:23). No es como «los productos de la tierra» (Josué 5:11) que no los podremos recoger hasta que crucemos el Jordán. No es «el maná en el desierto» sino que «es el pan que baja del cielo» (Juan 6:49-50); es parte de nuestro alimento diario que Dios nos provee para nuestras actividades cotidianas.

Ya, desde este mismo momento, él nos perdona. *Ya* nos quita nuestros pecados; *ya* somos aceptados a los ojos de Dios como si nunca hubiéramos sido culpables. «Por lo tanto, *ya* no hay ninguna condenación para los que están unidos a Cristo Jesús» (Romanos 8:1). Ni un solo pecado permanece en el Libro de Dios, incluso en este mismo instante, contra ningún integrante de su pueblo. ¿Quién puede atreverse a presentar siquiera un cargo contra ellos? No hay «mancha ni arruga ni ninguna otra imperfección» (Efesios 5:27) en ningún creyente en lo que se refiere a su justificación a los ojos del que juzga toda la tierra.

Que nuestro privilegio presente nos despierte a nuestra obligación presente, y lo haga ahora. Mientras estemos en este mundo, que podamos dedicar nuestra vida a nuestro dulce Señor Jesús.

De la pluma de Jim Reimann:

Justificación es un término teológico, a la vez profundo y elevado, de enorme significado para los creyentes. En esencia, significa que Dios me declara justo a pesar de mis pecados. Es un cambio de una vez y para siempre en mi estatus legal ante el Señor y es lo que me coloca en la relación correcta con él. Para decirlo de una manera sencilla, significa que Dios me hizo justo, no por mis obras sino por la obra de Cristo en la cruz. ¡La justicia de Cristo ahora es mía!

«Al que no trabaja, sino que cree en el que justifica al malvado, se le toma en cuenta la fe como justicia» (Romanos 4:5). «Pero gracias a él ustedes están unidos a Cristo Jesús, a quien Dios ha hecho nuestra sabiduría —es decir, nuestra justificación, santificación y redención—» (1 Corintios 1:30).

«Al que no cometió pecado alguno, por nosotros Dios lo trató como pecador, para que en él recibiéramos la justicia de Dios» (2 Corintios 5:21).

Padre, te doy gracias porque puedo ser justo ante tus ojos y ya no soy condenado por culpa de todos mis pecados. Te ruego que me ayudes a ofrecer mi cuerpo en sacrificio vivo, «santo y agradable» a ti, «en adoración espiritual» (Romanos 12:1).

DÍA 40

El que afirma que permanece en él,
debe vivir como él [Jesús] vivió.

1 Juan 2:6

De la pluma de Charles Spurgeon:

¿Por qué deben los cristianos imitar a Cristo? Deben hacerlo por su propio bien. Si desean ser espiritualmente saludables para huir de la enfermedad del pecado y para disfrutar de la vitalidad de una gracia que va en aumento, Jesús debe ser su modelo. Por el bien de su propia felicidad, si desean beber con mayor profundidad de su mejor vino, si quieren disfrutar de una santa y feliz comunión y unidad con Jesús, y si desean que lo eleven por encima de las preocupaciones y los problemas de este mundo, deben «vivir como él [Jesús] vivió».

Para tener un andar piadoso rumbo al cielo nada te servirá tanto de ayuda como llevar la imagen de Jesús en tu corazón y permitir que él gobierne tus emociones. Serás el ser más feliz y de la mejor manera exhibirás su cualidad de hijo si caminas con Jesús siguiendo sus pisadas, fortalecido por el poder de su Espíritu Santo. Por otro lado, si caminas alejándote de él, te sentirás inquieto e inseguro.

Entonces, procura ser como Jesús por el bien del evangelio. ¡Oh, pobre evangelio, has sufrido crueles embates de tus enemigos pero no ha sido nada en comparación con las heridas que te propinaron tus amigos! ¿Quién produjo las heridas en las dulces manos de la piedad? Fue el que se profesaba creyente que usó la daga de la hipocresía. Y aquellos que ingresan al redil de manera fraudulenta, que no son más que lobos «disfrazados de ovejas» (Mateo 7:15), perturban más al rebaño que un león desde afuera. No hay arma tan mortífera como un «beso de Judas». Los creyentes profesantes que son incoherentes e inconstantes producen más daño al evangelio que el ateo o el crítico mordaz.

Por último, imita el ejemplo de Cristo en especial por el bien del mismo Cristo. Querido cristiano, ¿amas a tu Salvador? ¿Es su nombre precioso para ti? ¿Es su causa verdaderamente importante para ti? ¿Deseas que los reinos de este mundo le pertenezcan? ¿Es tu deseo que él sea glorificado? ¿Anhelas que las almas sean ganadas para él?

Entonces, ¡imita a Jesús! Sé una epístola de Cristo, «conocida y leída por todos» (2 Corintios 3:2).

De la pluma de Jim Reimann:

Conocemos el dicho: «La imitación es la máxima expresión de la adulación». ¿Podríamos entonces también decir que: «La imitación es la máxima expresión de darle la gloria a Cristo»?

La Palabra de Dios nos dice con claridad lo que tenemos y no tenemos que imitar.

«Cuando entres en la tierra que te da el SEÑOR tu Dios, no *imites* las costumbres abominables de esas naciones» (Deuteronomio 18:9). La aplicación de esto es que nosotros como creyentes no debemos imitar los caminos de los incrédulos.

«*Imiten* a quienes por su fe y paciencia heredan las promesas» (Hebreos 6:12).

«Acuérdense de sus dirigentes, que les comunicaron la palabra de Dios. Consideren cuál fue el resultado de su estilo de vida, e *imiten* su fe» (Hebreos 13:7).

«Querido hermano, no *imites* lo malo sino lo bueno» (3 Juan 11).

El apóstol Pablo declaró: «Por tanto, os ruego que me *imitéis*» (1 Corintios 4:16, RVR 1995). «Pongan en práctica lo que de mí han aprendido, recibido y oído, y lo que han visto en mí» (Filipenses 4:9). ¿Y qué era lo que apasionaba a Pablo?

«Me propuse más bien, estando entre ustedes, no saber de cosa alguna, excepto de Jesucristo, y de éste crucificado» (1 Corintios 2:2). «Quiero conocerlo a [Cristo] … *hasta llegar a ser semejante a él*» (Filipenses 3:10, RVR 1995).

DÍA 41

Bendito sea Dios, que no rechazó mi plegaria.

Salmo 66:20

De la pluma de Charles Spurgeon:

Al revisar el contenido de nuestras oraciones, si lo hacemos con sinceridad, nos debe llenar de asombro que Dios, aunque siquiera una vez, nos haya respondido. Quizás algunas personas crean, como los fariseos, que sus oraciones son dignas de ser aceptadas; pero un verdadero cristiano, espiritualmente más consciente en su análisis, llorará por sus oraciones y, si le fuera posible, las reiteraría para hacerlas con más seriedad y de todo corazón.

Querido cristiano, recuerda cuán frías han sido tus oraciones. Cuando estabas en tu cuarto de oración debías haber luchado como lo hizo Jacob, en cambio, tus peticiones fueron pocas y débiles, muy lejos de aquella fe humilde, confiada y perseverante que clama: «¡No te soltaré hasta que me bendigas!» (Génesis 32:26). Sin embargo, ¿no resulta asombroso que Dios no solo haya escuchado sino que también haya respondido?

Reflexiona en lo poco frecuentes que han sido tus oraciones a menos que estuvieras en una dificultad. En tales ocasiones, a menudo acudes al «propiciatorio» de Dios (Éxodo 25:17), pero una vez que te ha librado, ¿qué sucede con tu súplica continua y sincera? Pero, aunque has cesado de orar como antes, Dios no ha cesado de bendecirte. Cuando has descuidado su «propiciatorio», él no lo ha abandonado porque las brillantes luces de su gloria Shekiná siempre han permanecido visibles entre las alas de los querubines.

¡Cuán maravilloso es que el Señor hasta considere nuestros espasmos intermitentes y molestos de oración que proferimos cuando estamos en necesidad! ¡Qué asombroso es nuestro Dios que escucha las oraciones de los que acuden a él cuando tienen necesidades y deseos apremiantes, pero que lo descuidan cuando reciben una bendición; aquellos que se acercan a él cuando se sienten obligados a hacerlo, pero que casi se olvidan de hablarle cuando sus bendiciones son abundantes y pocas sus tristezas.

Que su bondad llena de gracia al escuchar tales oraciones toque nuestro corazón para que de aquí en lo adelante oremos de manera continua «en el Espíritu en todo momento, con peticiones y ruegos» (Efesios 6:18).

De la pluma de Jim Reimann:

La historia del rey Josafat es asombrosa por su clamor a Dios lleno de confianza, esperando ser escuchado. Él oraba así: «Cuando nos sobrevenga una calamidad, o un castigo por medio de la espada, o la peste o el hambre, si nos congregamos ante ti, en este templo donde habitas, y clamamos a ti en medio de nuestra aflicción, *tú nos escucharás* y nos salvarás … Nosotros no podemos oponernos a esa gran multitud que viene a atacarnos. ¡No sabemos qué hacer! ¡En ti hemos puesto nuestra esperanza!» (2 Crónicas 20:9,12). Lo que siguió fue la más grande victoria sobre la faz de la tierra. Desde un punto de vista humano, las probabilidades eran «todo el mundo» en contra de «uno». En otras palabras, Dios peleó la batalla por Israel y le dio la victoria.

«Ésta es la confianza que tenemos al acercarnos a Dios: que si pedimos conforme a su voluntad, *él nos oye*. Y si sabemos que *Dios oye* todas nuestras oraciones, podemos estar seguros de que ya tenemos lo que le hemos pedido» (1 Juan 5:14-15).

«Escucha, Señor, mi oración; atiende a mi súplica. Por tu fidelidad y tu justicia, respóndeme» (Salmo 143:1).

DÍA 42

Tullido de ambos pies, Mefiboset vivía en Jerusalén,
pues siempre se sentaba a la mesa del rey.

2 Samuel 9:13

De la pluma de Charles Spurgeon:

Mefiboset no era un gran adorno para la mesa real, sin embargo, tenía un lugar permanente allí porque el rey David reconocía en él los rasgos de su amado amigo Jonatán. Y al igual que Mefiboset, podemos alzar nuestro clamor al Rey de gloria: «¿Y quién es este siervo suyo, para que Su Majestad se fije en él? ¡Si no valgo más que un perro muerto!» (2 Samuel 9:8). Sin embargo, el Señor nos consiente con el placer de su cercana comunión porque ve en nuestra apariencia las características de nuestro amado y apreciado Jesús.

Por lo tanto, el pueblo del Señor es amado para él por causa de otro, dado que esta clase de amor es el que el Padre derrama en su «Hijo unigénito» (Juan 3:16). Por amor a su Hijo, él eleva a los hermanos inferiores de su Hijo, de la pobreza y el destierro a un sitio de amistad con la realeza, con rango de nobleza y provisión digna de reyes. Y su deformidad jamás los privará de sus privilegios, porque la cojera no es una barrera para ser hijo. Es más, una persona discapacitada es tan heredera como si fuera «una gacela» (2 Samuel 2:18) como fue Asael.

Nuestro *derecho* de herederos jamás cojeará, aunque nuestras *fuerzas* lo hagan. La mesa del Rey es un refugio noble para nuestras piernas lisiadas, y en la mesa festiva del evangelio aprendemos a «[alardear] … de [nuestras] debilidades» porque «el poder de Cristo» descansa en nosotros (2 Corintios 12:5,9).

No obstante, una discapacidad severa puede empañar el carácter hasta del más amado de los santos a los ojos de muchos. Por ejemplo, Mefiboset disfrutaba del festín con David a pesar de que su discapacidad en ambos pies le impidió huir con el rey cuando este escapó de la ciudad. Como resultado de su incapacidad para huir, su siervo Siba lo calumnió y lo acusó horriblemente (ver 2 Samuel 16:1-4).

En sentido espiritual, los santos cuya fe es lisiada y débil y cuyo piadoso conocimiento está limitado, son fracasados. Son vulnerables a muchos enemigos e incapaces de seguir al Rey por donde él los dirige. Su «enfermedad» de ser lisiados con frecuencia es el resultado de haber caído en pecado, consecuencia de la falta de alimento espiritual durante su infancia como creyentes. Esto hace que a menudo los convertidos caigan en un abatimiento del que nunca se recuperan o, en otros casos, conduce a pecados que dan como resultado «huesos rotos» en un sentido espiritual.

Señor, haz que «el cojo [salte] como un ciervo» (Isaías 35:6) y satisface a todo tu pueblo con el pan de tu mesa.

De la pluma de Jim Reimann:

En las Escrituras se compara la vida espiritual con una carrera que tenemos que correr. Sin embargo, si tenemos una discapacidad espiritual, es imposible que corramos. Y cuando estamos en esa condición no debemos culpar al Señor, porque él nos ha provisto de todo lo necesario para correr la carrera que nos llamó a correr y jamás nos descalifica porque alguna vez hayamos sido cojos. Como lo expresa Spurgeon hoy, es el pecado el que produce nuestra cojera espiritual, por tanto «despojémonos del lastre que nos estorba, en especial del pecado que nos asedia, y corramos con perseverancia la carrera que tenemos por delante» (Hebreos 12:1).

Sí, Dios en su soberanía no solo nos dice por *dónde* correr, señalándonos nuestra carrera en particular, sino que también nos dice *cómo* correr:

«¿No saben que en una carrera todos los corredores compiten, pero sólo uno obtiene el premio? Corran, pues, de tal modo que lo obtengan» (1 Corintios 9:24).

DÍA 43

Atrapen a las zorras, a esas zorras pequeñas
que arruinan nuestros viñedos.

Cantares 2:15

De la pluma de Charles Spurgeon:

Una pequeña espina puede producir un gran dolor. Una pequeña nube puede ocultar el sol. Las «zorras pequeñas ... arruinan nuestros viñedos» y los pequeños pecados dañan al corazón vulnerable. Estos pequeños pecados hacen sus cuevas en el alma y la llenan de cosas tan detestables para Cristo que él ya no seguirá teniendo la comunión cercana que tenía con nosotros. Ni siquiera los grandes pecados pueden destruir al cristiano, sin embargo, hasta un pecado pequeño puede hacerlo sentir miserable. Jesús no andará con su pueblo a menos que este no quite todo pecado conocido de su vida. Él dice: «Si obedecen mis mandamientos, permanecerán en mi amor, así como yo he obedecido los mandamientos de mi Padre y permanezco en su amor» (Juan 15:10).

Es más, hay algunos cristianos que muy raras veces quieren disfrutar de la presencia del Salvador. ¿Cómo puede esto ser así? No hay duda alguna que para un niño vulnerable es penoso estar separado de su padre. ¿Eres tú un hijo de Dios que se siente satisfecho de seguir viviendo sin contemplar el rostro del Padre? ¿Qué? Eres la novia de Cristo, ¡pero te conformas con no estar en su compañía! Entonces, tu condición es muy triste porque la esposa pura de Cristo se lamenta como una paloma cuando su compañero la abandona.

Pregúntate qué es lo que ha apartado a Cristo de ti. Él oculta su rostro detrás de tu muro de pecados, un muro construido tanto por pequeños guijarros como por piedras grandes. Los grandes mares están constituidos por pequeñas gotas de agua y las grandes rocas están conformadas por diminutas partículas. Del mismo modo, el mar que te separa de Cristo puede estar lleno de las minúsculas gotas de tus pequeños pecados, y la roca que casi hace naufragar tu barca puede haber surgido de la diaria acumulación de pequeñas celdas de arrecife de coral compuesto de pecados ínfimos.

Si deseas vivir con Cristo, andar con Cristo, ver a Cristo y tener comunión con Cristo, ten cuidado con «las zorras pequeñas, que echan a perder las viñas; porque nuestras viñas están en cierne» (Cantares 2:15).

Jesús te invita a acompañarlo para que juntos «atrapen las zorras». Con su tremendo poder él sin dudas podrá, al igual que Sansón, atraparlas rápido y con facilidad.

¿Por qué no vamos con él de cacería?

De la pluma de Jim Reimann:

Lamentablemente, en lugar del arrepentimiento, lo primero que el pecado hace en nuestras vidas es hacer que nos escondamos del Señor. Cuando Adán y Eva «oyeron ... que Dios andaba recorriendo el jardín; entonces *corrieron a esconderse* entre los árboles, *para que Dios no los viera*» (Génesis 3:8).

Fíjate que el versículo no dice que el Señor se escondió de ellos. No, fue su pecado el que constituyó una pared divisoria entre ellos y Dios. «Son las iniquidades de ustedes las que los separan de su Dios. Son estos pecados los que lo llevan a ocultar su rostro para no escuchar» (Isaías 59:2). Sin embargo, en el mismo jardín del Edén, Dios en su soberana gracia buscó a Adán. «Pero Dios el SEÑOR llamó al hombre y le dijo: "¿Dónde estás?"» (Génesis 3:9).

Los creyentes jamás necesitan sufrir la alienación porque «ahora en Cristo Jesús, a ustedes que antes estaban lejos, Dios los ha acercado mediante la sangre de Cristo. Porque Cristo es nuestra paz: de los dos pueblos ha hecho uno solo, derribando mediante su sacrificio el muro de enemistad que nos separaba» (Efesios 2:13-14).

Confiesa en esta mañana esas «zorras pequeñas» que han roto tu comunión con Cristo, ¡quien derramó su sangre por ti!

DÍA 44

El Señor cerró la puerta detrás de Noé.

Génesis 7:16 LBLA

De la pluma de Charles Spurgeon:

Noé fue apartado del mundo, encerrado tras la puerta del arca, por medio de la mano de amor divino. La puerta de «el propósito de Dios conforme a su elección» (Romanos 9:11, LBLA) interviene entre nosotros y el mundo que habita con el maligno. «No [somos] del mundo, como tampoco [Jesús era] del mundo» (Juan 17:14). No podemos entrar en el pecado de las multitudes ni divertirnos en las calles de la feria de las vanidades de *El progreso del peregrino* (John Bunyan, 1628-1688) junto a los hijos de oscuridad, porque nuestro Padre celestial ha cerrado «la puerta detrás» de nosotros. Noé no solo quedó encerrado adentro *por* su Dios sino *con* su Dios. La invitación del Señor («Pero contigo estableceré mi pacto, y entrarán en el arca tú y tus hijos, tu esposa y tus nueras» [Génesis 6:18]) muestra con claridad que Dios mismo tuvo la intención de habitar en el arca con su siervo.

Del mismo modo, todos los escogidos de Dios habitan en él y él en ellos. ¡Cuán benditos somos al ser incluidos en el mismo círculo que incluye a las tres personas de la trinidad de Dios: el Padre, el Hijo y el Espíritu! Que jamás ignoremos su petición llena de gracia: «¡Anda, pueblo mío, entra en tus habitaciones y cierra tus puertas tras de ti; escóndete por un momento, hasta que pase la ira!» (Isaías 26:20). Noé estaba seguro de la promesa de Dios: «ningún mal habrá de sobrevenirte» (Salmo 91:10). Incluso el diluvio no le hizo nada, solo elevarlo hacia el cielo y el viento solamente lo llevó por su camino. Fuera del arca, todo era ruina; pero adentro, todo era descanso y paz.

Sin Jesucristo perecemos, pero en él hay absoluta seguridad. Noé estaba tan seguro adentro que jamás querría volver a salir, y los que estamos en Cristo, lo estamos para siempre. Jamás saldremos de él, porque la Fidelidad eterna ha cerrado la puerta tras nosotros y nuestro malvado enemigo jamás podrá sacarnos del lugar seguro. El príncipe de la casa de David ha cerrado una puerta que ningún humano puede abrir. Y «tan pronto como el dueño de la casa se haya levantado a cerrar la puerta» en los últimos tiempos, los que solo son nominales en su profesión de Cristo «desde afuera se pondrán a golpear la puerta, diciendo» en vano: «Señor, ábrenos» (Lucas 13:25). La misma puerta que se cierra para las vírgenes prudentes, también lo hará para las necias (ver Mateo 25:1-13).

Señor, enciérrame dentro de tu gracia.

De la pluma de Jim Reimann:

¡La historia de Noé y el arca es mucho más que una historia infantil para la Escuela Dominical! Es la historia de la obra soberana de gracia al elegir o escoger a Noé y su familia para su eterna salvación. Y claramente nos enseña que aquellas ocho personas fueron salvas, no a causa de sus buenas obras sino por haber estado dentro del arca. Dios mismo fue quien cerró la puerta, sellando a Noé en el arca del mismo modo que el Espíritu Santo nos sella en Jesucristo.

«En él también ustedes, cuando oyeron el mensaje de la verdad, el evangelio que les trajo la salvación, y lo creyeron, fueron marcados con el sello que es el Espíritu Santo prometido» (Efesios 1:13). El «sello» del Espíritu Santo tiene un doble propósito: No solo nos protege de forma permanente en Cristo sino que también es el sello de propiedad que nuestro Rey tiene sobre nosotros, así como un rey terrenal sellaba sus cartas con su nombre. Y el sello del «Espíritu Santo Prometido» es suficiente para protegernos en Cristo hasta su regreso, dado que el siguiente versículo afirma: «fueron sellados para el día de la redención» (Efesios 4:30).

Te doy gracias porque «sólo tú, SEÑOR, me haces vivir confiado»
(Salmo 4:8).

DÍA 45

De la pluma de Charles Spurgeon:

Tienes una buena razón para «[odiar] el mal». Considera el daño que ya te ha causado y la abundancia de desobediencia que ha acarreado a tu propio corazón. El pecado una vez te cegó y no te permitió ver la belleza del Salvador y te hizo sordo, por lo que eras incapaz de escuchar la tierna invitación del Redentor. El pecado hizo que tus pies anduvieran en el camino de la muerte y derramaron veneno en la más profunda fuente de tu ser. Contaminó tu corazón y «nada hay tan engañoso como el corazón. No tiene remedio» (Jeremías 17:9).

¡Oh!, qué criatura tan desdichada fuiste cuando el mal derramaba lo peor sobre ti, antes de que interviniera la gracia divina de Dios. Como los demás, fuiste una vez heredero de su ira y «te [dejaste] llevar por la mayoría» (Éxodo 23:2). Así fuimos todos nosotros en una ocasión, pero Pablo nos recuerda: «Ya han sido lavados, ya han sido santificados, ya han sido justificados en el nombre del Señor Jesucristo y por el Espíritu de nuestro Dios» (1 Corintios 6:11).

Sí, cuando miramos hacia atrás y repasamos sus obras de maldad, tenemos buenas razones para odiar el mal. El pecado produjo tan gran mal en nosotros que nuestra alma seguiría perdida si el omnipotente amor de Dios no hubiera intervenido para redimirnos. E incluso ahora mismo es un enemigo activo, siempre alerta, esperando dañarnos y arrastrarnos de nuevo a la maldad.

Por tanto, queridos cristianos, «aborreced el mal» a menos que deseen más problemas. Si deseas sembrar tu camino con espinos y llenar tu lecho de muerte con agujas, entonces niégate a «[aborrecer] el mal». Pero si quieres vivir una vida feliz y morir en paz, entonces debes transitar el «camino de santidad» (Isaías 35:8), y odiar el mal hasta el fin. Si en verdad quieres amar a tu Salvador y deseas honrarlo, entonces «[aborrece] el mal».

La comunión abundante con el Señor Jesús es la mejor cura que tiene un cristiano para el amor al mal. Si pasas tiempo con él, te resultará imposible estar en paz con el pecado.

Ordena mis pasos conforme a tu Palabra,
y haz que mi corazón sea sincero;
que el pecado no tenga dominio, Señor.
Y mantén limpia mi conciencia.

ISAAC WATTS, 1674-1748

De la pluma de Jim Reimann:

Debemos aprender a odiar lo que el Señor odia y amar lo que él ama.

Hay seis cosas que el SEÑOR aborrece, y siete que le son detestables: los ojos que se enaltecen, la lengua que miente, las manos que derraman sangre inocente, el corazón que hace planes perversos, los pies que corren a hacer lo malo, el falso testigo que esparce mentiras, y el que siembra discordia entre hermanos.

PROVERBIOS 6:16-19

«El SEÑOR ama la justicia y el derecho» (Salmo 33:5). Y el Señor ama a su Hijo porque él dijo: «Éste es mi Hijo amado. ¡Escúchenlo!» (Marcos 9:7).

Qué gran consejo para los creyentes que anhelan honrar al Señor: «¡Escúchenlo!» Pero mejor será que a este acto de escucharlo lo siga la obediencia a lo que escuchamos, haciendo este compromiso con el Señor: «Escucharemos y obedeceremos» (Deuteronomio 5:27).

DÍA 46

Sí, el Señor ha hecho grandes cosas
por nosotros, y eso nos llena de alegría.

Salmo 126:3

De la pluma de Charles Spurgeon:

Es triste, pero algunos cristianos son dados a mirar el lado oscuro de todas las cosas y a pensar demasiado en las dificultades del pasado en vez de pensar en lo que Dios ha hecho por ellos. Cuando se les pregunta sobre su visión de la vida cristiana, hacen una lista de sus conflictos permanentes, sus más profundos problemas, sus tristes adversidades y la condición pecaminosa de su corazón. Es raro que hagan alusión a las grandes misericordias que Dios ha derramado por gracia sobre ellos.

Sin embargo, un cristiano con un alma saludable estará lleno de gozo y compartirá estas afirmaciones: «No hablaré sobre mi persona excepto para la honra de Dios. "Me sacó de la fosa de la muerte, del lodo y del pantano; puso mis pies sobre una roca, y me plantó en terreno firme. Puso en mis labios un cántico nuevo, un himno de alabanza a nuestro Dios"» (Salmo 40:2-3). «El Señor ha hecho grandes cosas por [mí], y eso [me] llena de alegría» (Salmo 126:3).

Esta clase de breve resumen de su experiencia es lo mejor que cualquier hijo de Dios puede esperar exhibir. Sí, es cierto que debemos soportar las pruebas, pero también es cierto que el Señor nos libera de ellas. Es cierto que todos tenemos nuestras transgresiones, de las que nos arrepentimos, pero también es absolutamente cierto que tenemos un Salvador que es más que suficiente para vencer estas transgresiones y liberarnos de su poder.

Al mirar atrás, sería necio negar que estuvimos en el Pantano del Desaliento (la ciénaga en *El progreso del peregrino* de Juan Bunyan [1628-1688] donde Cristiano se hunde bajo el peso de los pecados y de la culpa) o que hemos reptado por el Valle de la Humillación (también de *El progreso del peregrino*). Sería igualmente erróneo olvidar que hemos pasado por allí *seguros* y *con ganancia*. No permanecimos en estos gracias a nuestro todopoderoso Ayudador y Líder que nos sacó «a un lugar de abundancia» (Salmo 66:12, LBLA).

Cuanto más profundos hayan sido nuestros problemas, más fuertes deberían ser nuestras acciones de gracias a Dios, porque él nos condujo *a través* de ellas y nos ha preservado hasta ahora. Nuestras pruebas dolorosas no deberían empañar nuestros himnos de alabanza, sino que deberían convertirse en los tonos graves dentro de la canción de la vida:

«El Señor ha hecho grandes cosas por nosotros, y eso nos llena de alegría».

De la pluma de Jim Reimann:

Nadie disfruta de los creyentes que viven como si los hubieran bautizado en vinagre. Nos quitan las energías en vez de motivarnos a que seamos mejores cristianos. Si te examinas a ti mismo y reconoces que esto te describe, hay esperanza. Pero esto implica que seas sincero y que estés dispuesto a cambiar tu manera de pensar.

«Consideren bien todo lo verdadero, todo lo respetable, todo lo justo, todo lo puro, todo lo amable, todo lo digno de admiración, en fin, todo lo que sea excelente o merezca elogio» (Filipenses 4:8). «No se amolden al mundo actual, sino sean transformados mediante la renovación de su mente» (Romanos 12:2).

Nuestra manera de pensar se ve transformada cuando nos disciplinamos y dedicamos tiempo a estudiar las Escrituras. «Nosotros … tenemos la mente de Cristo» (1 Corintios 2:16); ¡y él es el Verbo (la Palabra) de Dios!

DÍA 47

Pesado has sido en balanza, y fuiste hallado falto.

Daniel 5:27, RVR 1960

De la pluma de Charles Spurgeon:

Es una buena idea esta de pesarte a cada rato «en [la] balanza» de la Palabra de Dios. Descubrirás que es un ejercicio santo esto de leer un salmo de David y, al meditar en cada verso, preguntarte: «¿Puedo afirmar esto? ¿Me he sentido alguna vez como se sintió David? ¿Tuve el corazón quebrantado a causa del pecado como estuvo él al escribir sus salmos de arrepentimiento? ¿Estuvo alguna vez mi alma llena de plena confianza en tiempos de dificultad como lo estuvo la de David cuando alabó las misericordias de Dios en "la cueva de Adulán" (1 Samuel 22:1) o "en los refugios de Engadi" (1 Samuel 23:29)? ¿Acaso puedo afirmar que estuve "brindando con la copa de salvación e invocando el nombre del SEÑOR" (Salmo 116:13)»?

Vayamos ahora a considerar la vida de Cristo en la Biblia y, al leerla, preguntémonos cuánto hemos avanzado en ser «conformes a [su] imagen» (Romanos 8:29, RVR 1960). Procura descubrir si tienes la misma humildad, la misma mansedumbre y la clase de espíritu que manifestó y exhibió todo el tiempo.

Por último, vayamos a las epístolas de Pablo y veamos si nuestra vida está conforme a su experiencia. ¿Alguna vez has clamado como él: «¡Soy un pobre miserable! ¿Quién me librará de este cuerpo mortal?» (Romanos 7:24)? ¿Sentiste en alguna oportunidad su misma humillación? ¿Experimentaste esa sensación de ser «el peor pecador de todos» (1 Timoteo 1:15, TLA) y «el más insignificante de todos los santos» (Efesios 3:8)? ¿Has sentido algo cerca a este nivel de devoción a Dios? ¿Puedes decir como él: «Porque para mí el vivir es Cristo y el morir es ganancia» (Filipenses 1:21)?

Si leemos la Palabra de Dios como una prueba de nuestra condición espiritual, descubriremos muchas razones para detenernos y decir: «Señor, nunca he experimentado esto, ¡llévame a este lugar! Dame un auténtico arrepentimiento, del tipo que veo en tu Palabra. Dame una fe real y un celo mayor, infunde en mí un amor más ferviente, garantízame el don de la mansedumbre… hazme más parecido a Jesús. Que ya no sea "hallado falto" cuando sea "pesado … en [la] balanza" de tu santuario, y menos que sea "hallado falto" cuando sea "pesado … en [la] balanza" de tu juicio».

Debemos juzgarnos a nosotros mismos para que no seamos juzgados y hallados faltos.

De la pluma de Jim Reimann:

Muchos cristianos suelen malinterpretar la advertencia de Jesús: «No juzguen a nadie, para que nadie los juzgue a ustedes» (Mateo 7:1). Él no está diciendo que no juzguemos en absoluto sino que no seamos hipócritas. Debemos juzgarnos a nosotros mismos antes de juzgar a los demás. «¡Hipócrita!, saca primero la viga de tu propio ojo, y entonces verás con claridad para sacar la astilla del ojo de tu hermano» (Mateo 7:5).

El apóstol Pablo nos dice que juzguemos a los creyentes de nuestra asamblea, pero que dejemos el juicio de los incrédulos al Señor. «¿Acaso me toca a mí juzgar a los de afuera? ¿No son ustedes los que deben juzgar a los de adentro? Dios juzgará a los de afuera» (1 Corintios 5:12-13). Y sigue diciendo: «¿Acaso no saben que los creyentes juzgarán al mundo? Y si ustedes han de juzgar al mundo, ¿cómo no van a ser capaces de juzgar casos insignificantes? ¿No saben que aun a los ángeles los juzgaremos? ¡Cuánto más los asuntos de esta vida!» (1 Corintios 6:2-3).

No obstante, la mejor política siempre será mirar primero nuestro interior. Si somos sinceros con lo que el Señor expone en nosotros, es probable que estemos demasiado ocupados como para ponernos a juzgar a los demás. Después de todo, él puede hacerse cargo de los otros: Él «juzgará al mundo con justicia, y a los pueblos con fidelidad» (Salmo 96:13).

DÍA 48

Sara dijo entonces: «Dios me ha hecho reír, y todos los que
se enteren de que he tenido un hijo, se reirán conmigo».

Génesis 21:6

De la pluma de Charles Spurgeon:

Que la anciana Sara fuera honrada con la llegada de un hijo era algo
que estaba muy lejos del poder de la naturaleza y opuesto a sus leyes.
En el mismo sentido, está fuera de todas las leyes naturales que yo, un
pobre, incapaz y condenado pecador, reciba el regalo del Espíritu del
Señor Jesucristo en mi vida. Yo vagaba sin esperanzas y por una buena
razón, dado que mi vieja naturaleza estaba seca, atrofiada, estéril y
maldita como el más árido de los desiertos. Aun así, se me permitió
producir el fruto de la santidad.

Que mi boca se llene de gloriosa risa por la extraordinaria y sor-
prendente gracia que recibí del Señor, dado que fui encontrado por
Jesús, la semilla prometida y él me pertenece para siempre. Hoy elevaré
salmos de triunfo al Señor, el que «nunca [me] olvida, aunque [esté]
humillado» (Salmo 136:23) porque «mi corazón se alegra en el SEÑOR;
en él radica mi poder. Puedo celebrar su salvación y burlarme de mis
enemigos» (1 Samuel 2:1).

Deseo que todos los que se enteran de mi gran liberación del infierno y mi bendita salvación, que me «visitará desde el cielo» (Lucas
1:78), puedan reír con gozo junto conmigo. Me sentiré encantado de
sorprender a mi familia con mi paz que sobreabunda, deleitar a mis
amigos con mi creciente felicidad y edificar a la iglesia de Dios con mis
agradecidas confesiones de alabanza. Incluso me encantará impactar
al mundo no creyente con mi amable conversación cotidiana.

En *El progreso del peregrino* de John Bunyan (1628-1688), dice que
la doncella Misericordia reía dormida, y esto no debe extrañarnos,

porque ella soñaba con Jesús. Y mi gozo no será menor al de ella mientras mi amado Salvador sea el tema de mis pensamientos diarios. El Señor Jesús es un profundo océano de gozo y en ese mar se sumergirá mi alma para disfrutar de los deleites de su comunión.

Así como Sara sonrió con ternura a su hijo Isaac y rió en un arrebato de gozo con todos sus amigos, tú también, alma mía, puedes alzar los ojos a Jesús y pedir que el cielo y la tierra se unan contigo en «un gozo indescriptible y glorioso» (1 Pedro 1:8).

De la pluma de Jim Reimann:

Nuestro Señor nos ha dado todo lo que necesitamos en Jesús, y uno de sus mayores regalos es el profundo gozo que habita en nosotros, aun en los momentos de mayor dificultad. Quizás por eso se nos dice: «El gozo del Señor es nuestra fortaleza» (Nehemías 8:10). Y una vez que nuestra prueba ha finalizado, ese gozo debe incrementarse incluso más. Esto nos trae a la mente el «gozo indescriptible y glorioso» de los israelitas cuando regresaron a Jerusalén de la cautividad. Lo siguiente es un «canto de los peregrinos», que ellos entonaron al escalar la montaña que rodeaba Jerusalén y subir los escalones del templo.

> Cuando el SEÑOR hizo volver a Sión a los cautivos, nos parecía estar soñando. Nuestra boca se llenó de risas; nuestra lengua, de canciones jubilosas. Hasta los otros pueblos decían: «El SEÑOR ha hecho grandes cosas por ellos». Sí, el SEÑOR ha hecho grandes cosas por nosotros, y eso nos llena de alegría. Ahora, SEÑOR, haz volver a nuestros cautivos como haces volver los arroyos del desierto. El que con lágrimas siembra, con regocijo cosecha. El que llorando esparce la semilla, cantando recoge sus gavillas.
>
> SALMO 126

Padre, que tu gozo se manifieste en mí y fluya hacia los demás.

DÍA 49

Sálvanos, SEÑOR.

Salmo 12:1

De la pluma de Charles Spurgeon:

Esta oración, en sí, es extraordinaria dado que es breve pero oportuna, sincera y típica de David. Él estaba sufriendo por la falta de personas fieles, por lo que elevó su corazón en una oración ferviente. Al fallar la criatura, David acudió directo al Creador. Resulta evidente que él reconoció su propia debilidad, de lo contrario, no habría clamado pidiendo ayuda. No obstante, al mismo tiempo, seguía intentando permanecer activamente involucrado en la causa por la verdad, dado que la palabra «sálvanos» carece de sentido si no hacemos nada.

Estas dos simples palabras de la oración de David son directas, claras y muy diferentes a las largas y elaboradas plegarias de muchos cristianos profesantes que divagan mucho. El salmista va directo a su Dios con una oración bien pensada. Él sabe lo que busca y dónde puede hallarlo.

Señor, enséñanos a orar de la misma bendita manera.

Existen muchas ocasiones en las que se puede usar una oración como esta, como por ejemplo durante las pruebas y aflicciones providenciales en las que el creyente descubre que sus ayudadores lo han abandonado. Un estudiante de la Biblia que se enfrenta a un pasaje difícil puede obtener ayuda al elevar el clamor: «Sálvanos, SEÑOR», dirigido al Espíritu Santo de Cristo, el gran Maestro. Los que creen en la guerra espiritual interior pueden acudir al trono de Dios en busca de refuerzos, y esta sencilla oración bien puede servir de modelo para su solicitud. El pueblo de Dios involucrado en el trabajo extenuante puede usar esta oración para «hallar la gracia que nos ayude en el momento que más la necesitemos» (Hebreos 4:16). Y los pecadores que buscan ayuda con sus dudas y temores también pueden elevar la misma imperiosa oración. En todos estos casos, en todo momento y en todo lugar, esta breve oración será de utilidad al alma necesitada.

«Sálvanos, Señor» le sirve tanto al que vive como al que murió, al que tiene trabajo y al desempleado, al que goza y al que sufre. Nuestra ayuda está en él, por lo tanto, no dejemos de clamar a él.

La respuesta a la oración es segura si la ofrecemos con sinceridad por medio de Jesucristo, pues el carácter mismo del Señor nos confirma que no abandonará a su pueblo. Su relación con nosotros como Padre y Esposo nos garantiza su ayuda, tal como su regalo de darnos a Jesús es una garantía de «todo lo bueno» (Filemón 6). Y su promesa inquebrantable sigue firme: «No temas, yo te ayudaré» (Isaías 41:13).

De la pluma de Jim Reimann:

Cuando la mujer cananea con una hija poseída por el demonio se enfrentó cara a cara a Jesús, sus primeras palabras fueron: «¡Señor, ayúdame!» (Mateo 15:25). Aunque era gentil y los discípulos de Jesús quisieron despedirla, el Señor respondió la oración de ella a causa de su fe.

«"¡Mujer, qué grande es tu fe! —contestó Jesús—. Que se cumpla lo que quieres". Y desde ese mismo momento quedó sana su hija» (Mateo 15:28). Como lo expresa hoy Spurgeon: «la respuesta a la oración es segura *si la ofrecemos sinceramente por medio de Jesucristo*». «Porque hay un solo Dios y un solo mediador entre Dios y los hombres, Jesucristo hombre» (1 Timoteo 2:5).

Sin embargo, nuestras oraciones no solo se deben elevar con fe y a través de Jesús, sino que también deben estar dentro de su divina voluntad. «Ésta es la confianza que tenemos al acercarnos a Dios: que si pedimos conforme a su voluntad, él nos oye» (1 Juan 5:14).

«Señor de mi salvación, ¡ven pronto en mi ayuda!» (Salmo 38:22).

DÍA 50

Todos fueron llenos del Espíritu Santo.

Hechos 2:4

De la pluma de Charles Spurgeon:

Las ricas bendiciones del día de Pentecostés y las consecuencias finales de la sagrada plenitud del Espíritu Santo en el alma de los cristianos es imposible de exagerar. Además, resulta completamente imposible separar la vida, el placer, la luz, la pureza, el poder, la paz y muchas otras maravillosas bendiciones propias de la presencia del Espíritu benévolo.

El Espíritu Santo, como aceite sagrado, unge la cabeza de los creyentes, apartándonos para el sacerdocio de los santos y dándonos por gracia todo lo necesario para cumplir con nuestro llamado y nuestra posición. Como la única agua verdaderamente purificadora, él nos limpia del poder del pecado y nos santifica produciendo en nosotros «tanto el querer como el hacer para que se cumpla su buena voluntad» (Filipenses 2:13). Como luz, él primero nos revela que estamos perdidos y luego prosigue revelándonos al Señor Jesús a nosotros y en nosotros, y nos guía en «el camino de la justicia» (Mateo 21:32). Por tanto, iluminados por sus rayos puros y celestiales, quienes antes éramos «oscuridad … ahora [somos] luz en el Señor» (Efesios 5:8). Como fuego, él no solo purifica y elimina la escoria de nosotros sino que hace que se encienda nuestra naturaleza consagrada. Él es la llama del altar del sacrificio donde podemos ofrecer todo nuestro ser como «sacrificio vivo … agradable a Dios» (Romanos 12:1). Como rocío del cielo, él elimina nuestra aridez y fertiliza nuestra vida. ¡Oh, que en esta mañana él caiga de esta manera en nosotros, porque ese rocío temprano sería un bendito comienzo para nuestro día!

Como paloma, el Espíritu Santo, con sus alas de amor pacífico,

110

cubre a su iglesia y a las almas de los creyentes, y como Consolador, dispersa las preocupaciones y las dudas que alteran la paz de su amado pueblo. Él desciende sobre sus escogidos como lo hizo sobre el Señor Jesús cuando se bautizó en el río Jordán (ver Mateo 3:16) y es testigo de nuestra condición de hijos al darnos un espíritu de familia gracias al cual podemos exclamar: «¡*Abba*! ¡Padre!» (Gálatas 4:6). Como el viento, él trae «hálito de vida» (Génesis 2:7) a las personas y «sopla por donde [él] quiere» (Juan 3:8) produciendo milagros transformadores por los que su creación espiritual obtiene la vida y el sostén.

Mi ruego a Dios es que hoy y cada día podamos experimentar su divina presencia.

De la pluma de Jim Reimann:

Otra consecuencia y maravilloso beneficio de tener el Espíritu Santo es la certeza: «Y en esto sabemos que él [Jesús] permanece en nosotros, por el Espíritu que nos ha dado» (1 Juan 3:24, RVR 1960). «El Espíritu mismo le asegura a nuestro espíritu que somos hijos de Dios» (Romanos 8:16).

Por medio del poder del Espíritu nos es dada la misma vida de Jesús. Por lo tanto, se conoce también al Espíritu como «el Espíritu de Cristo» (Romanos 8:9). Y es su Espíritu el que guió a los profetas del Antiguo Testamento, según lo expresa el siguiente pasaje:

Los profetas, que anunciaron la gracia reservada para ustedes, estudiaron y observaron esta salvación. Querían descubrir a qué tiempo y a cuáles circunstancias se refería *el Espíritu de Cristo*, que estaba en ellos, cuando testificó de antemano acerca de los sufrimientos de Cristo y de la gloria que vendría después de éstos. A ellos se les reveló … por medio del Espíritu Santo enviado del cielo. Aun los mismos ángeles anhelan contemplar esas cosas.

1 PEDRO 1:10-12

DÍA 51

Efraín es como torta no volteada.

Oseas 7:8, RVR 1960

De la pluma de Charles Spurgeon:

Una «torta no volteada» es una torta cocida de un solo lado. Así que, la gracia divina de Dios, en varios aspectos, no había tocado a Efraín. Aunque en cierto sentido era obediente, todavía persistía en él un alto grado de rebeldía.

Querido amigo, ¿es este también tu caso? ¿Eres completamente obediente en las cosas de Dios? ¿Acaso su gracia ha impregnado hasta la médula de tu ser para que fluya y afecte de manera divina tus fuerzas, tus acciones, tus palabras y tus pensamientos? Tu meta y tu oración deberían ser que te conviertas en alguien plenamente santificado en espíritu, alma y cuerpo. Y aunque tal vez tu santificación todavía no sea perfecta, el proceso debería de estar afectando cada aspecto de tu vida en igual medida. No debes tener apariencia de santidad en un aspecto mientras el pecado continúa siendo soberano en otro, o también serás una «torta no volteada».

Una «torta no volteada» enseguida se quema del lado más cercano a la llama y aunque nadie puede tener demasiado conocimiento de la Palabra de Dios, algunos están calcinados de un lado con un celo intolerante por una parte de la verdad que han recibido. O se han carbonizado por un orgullo farisaico inusual y rituales espirituales ostentosos desarrollados con el único objetivo de complacerse a sí mismos. Este presuntuoso aire de superioridad y de fariseísmo frecuentemente va acompañado de una absoluta ausencia de piedad auténtica y viva. Un «santo» que solo en público se comporta como tal es un diablo en privado, cubierto de harina de día y de hollín de noche, porque una torta quemada de un lado, está cruda del otro.

Señor, si es así en mi caso... ¡dame vuelta! Pon el lado de mi natu-
raleza no santificada hacia la llama de tu amor para que sienta tu
radiación sagrada. Y permite que mi lado carbonizado se enfríe
de alguna manera, al descubrir mis propias debilidades y mi falta
de calor cuando me aparto de tu fuego celestial. Que no sea una
«persona de doble ánimo» (Santiago 1:8), sino que esté por com-
pleto bajo la poderosa influencia de tu gracia reinante, porque sé
muy bien que si soy una «torta no volteada» que no tiene ambos
lados sometidos a tu gracia, seré por siempre consumido por las
llamas eternas.

De la pluma de Jim Reimann:

El versículo de hoy no es más que un extracto del lamento del Señor
sobre la pecaminosidad de Israel. Dios ansiaba cambiar «la suerte de
[su] pueblo, [pero] cuando [él] sane ... a Israel, la perversidad de Efraín
... [quedará] al descubierto (Oseas 6:11—7:1). Y sigue diciendo:

> La arrogancia de Israel testifica en su contra, pero él no se vuelve
> al Señor su Dios; a pesar de todo esto, no lo busca ... ¡Ay de ellos,
> que de mí se alejaron! ¡Que sean destruidos por rebelarse contra
> mí! Yo bien podría redimirlos, pero ellos no me hablan con la
> verdad. No me invocan de corazón, sino que se lamentan echados
> en sus camas. Para obtener grano y vino nuevo se laceran y se
> ponen en mi contra.

Oseas 7:10,13-14

La advertencia de hoy es para los «a medio cocer», los que tienen
una falsa religiosidad que suple sus necesidades. El Señor advirtió a
Efraín: «Lo que pido de ustedes es amor y no sacrificios, conocimiento
de Dios y no holocaustos» (6:6). Antes había advertido a Saúl por medio de su profeta Samuel en el mismo sentido: «¿Qué le agrada más al
Señor: que se le ofrezcan holocaustos y sacrificios, o que se obedezca
lo que él dice? *El obedecer vale más que el sacrificio*» (1 Samuel 15:22).

DÍA 52

Mientras Jesús decía estas cosas,
una mujer de entre la multitud exclamó:
«¡Dichosa la mujer que te dio a luz y te amamantó!»
«Dichosos más bien —contestó Jesús— los que
oyen la palabra de Dios y la obedecen».

Lucas 11:27-28

De la pluma de Charles Spurgeon:

Hay personas que disfrutan la idea de que María, la madre de nuestro Señor, tuvo privilegios muy especiales porque creen que ella contaba con el beneficio de ver dentro del corazón de su hijo de una manera que nosotros jamás podríamos hacerlo. Si bien esta idea podría parecer que tiene algo de credibilidad, no es así. No se nos dice que María supiera más que el resto, pero sí que lo que sabía lo «guardaba ... en su corazón y meditaba» (Lucas 2:19). Y de acuerdo a lo que leemos en los Evangelios ella no parece haber sido una creyente mejor instruida que los demás seguidores de Cristo. Es más, todo lo que ella sabía nosotros también podemos descubrirlo.

¿Te sorprenden estas afirmaciones? Aquí hay un versículo que lo prueba: «El SEÑOR brinda su amistad a quienes le honran, y les da a conocer su pacto» (Salmo 25:14). Y recuerda las palabras del Maestro: «Ya no los llamo siervos, porque el siervo no está al tanto de lo que hace su amo; los he llamado amigos, porque todo lo que a mi Padre le oí decir se lo he dado a conocer a ustedes» (Juan 15:15). El divino Revelador de los secretos nos muestra su corazón y no retiene nada que nos pudiera ser de provecho. Sus palabras de confirmación son: «Si no fuera así, ya se lo habría dicho a ustedes» (Juan 14:2).

¿Acaso hasta hoy en día Jesús no se nos revela a nosotros pero no a los del mundo? Por esa razón, no le decimos en ignorancia: «Dichosa la mujer que te dio a luz». Al contrario, *con conocimiento* bendecimos a Dios porque como resultado de haber seguido la Palabra con obediencia luego de que él nos la revelara, tenemos tanta comunión y unión con el Salvador como la que tuvo la virgen María. Y tenemos tanto conocimiento de los íntimos secretos de su corazón como el que algunos consideran que solo ella pudo obtener.

¡Qué grande es la bendición de recibir este privilegio!

De la pluma de Jim Reimann:

El ángel Gabriel le dijo a María: «¡Te saludo, tú que has recibido el favor de Dios! El Señor está contigo» (Lucas 1:28-29). No obstante, que el Señor le haya mostrado su favor no significa que María fuera perfecta, como lo enseñan algunas religiones. Es más, María reconocía su necesidad de un Salvador, dado que proclamó: «Mi alma glorifica al Señor, y mi espíritu se regocija en Dios *mi Salvador*» (Lucas 1:46-47).

Lo cierto es que todos los creyentes han recibido el favor de Dios, porque solo por su gracia cualquiera de nosotros podemos estar ante él redimidos, perdonados y justificados. El Antiguo Testamento nos dice: «Quien me encuentra, halla la vida y recibe el favor del Señor» (Proverbios 8:35); «Porque tú, Señor, bendices a los justos; cual escudo los rodeas con tu buena voluntad» (Salmo 5:12) y «El Señor es sol y escudo; Dios nos concede honor y gloria. El Señor brinda generosamente su bondad a los que se conducen sin tacha» (Salmo 84:11). Luego, Pablo cita Isaías 49:8 cuando dice: «En el momento propicio te escuché, y en el día de salvación te ayudé. Les digo que éste es el momento propicio de Dios; ¡hoy es el día de salvación!» (2 Corintios 6:2).

Padre, «que el favor del Señor nuestro Dios esté sobre nosotros. Confirma en nosotros la obra de nuestras manos; sí, confirma la obra de nuestras manos» (Salmos 90:17).

DÍA 53

Fijemos la mirada en Jesús.

Hebreos 12:2

De la pluma de Charles Spurgeon:

La función del Espíritu Santo es guiarnos siempre a poner nuestros ojos en Jesús y quitarlos de nosotros, pero Satanás se ocupa de hacer exactamente lo contrario, ya que de continuo trata de hacernos pensar en nosotros en vez de en Cristo. Satanás insinúa: «Tus pecados son demasiados para ser perdonados, no tienes fe, no te arrepientes lo suficiente, nunca persistirás hasta el fin, no tienes el gozo de un hijo de Dios y tu manera de aferrarte a Jesús es débil y vacilante». Todos estos pensamientos son sobre el *yo*, sin embargo, jamás habremos de hallar consuelo y seguridad mirando dentro de nosotros mismos. El Espíritu Santo hace que quitemos los ojos del *yo* diciéndonos que nada somos; pero Cristo es nuestro «todo en todos» (1 Corintios 15:28).

Recuerda, lo que te salva no es que *tú te aferres* a Cristo, es Cristo el que te salva. No es *tu gozo* en Cristo lo que te salva... es Cristo. Ni siquiera es *tu fe* en Cristo, aunque este sea el medio que él emplea... es la sangre, la obra y el valor de Cristo. Por lo tanto, no mires *tu mano* con la que te aferras a Cristo... mira a Cristo. No mires *tu esperanza*... mira a Jesús, la fuente de tu esperanza. No mires *tu fe*... mira a Jesús, «el iniciador y perfeccionador de nuestra fe» (Hebreos 12:2).

Jamás hallaremos felicidad si miramos *nuestras* oraciones, *nuestra* obra o *nuestros* sentimientos. Lo que nos da descanso para nuestra alma no es lo que somos nosotros sino lo que es Jesús. Vencer rápidamente a Satanás y hallar la paz con Dios solo se consigue cuando «[fijamos] la mirada en Jesús». Fija tus ojos solo en él. Mantén en tu mente *su* muerte, *su* sufrimiento, *su* obra, *su* valor, *su* gloria y *su* intercesión por sobre todas las cosas. Cuando te levantes por la mañana, fija tu mirada en él y al acostarte por la noche, fija tu mirada en él.

Jamás permitas que tus esperanzas o tus temores se interpongan entre tú y Jesús. Ve tras él con ahínco y él jamás te fallará.

Mi esperanza firme está
    En la sangre de Jesús
No confiaré en nada más
    Solo en la gloria de la cruz.

EDWARD MOTE, 1797-1874

De la pluma de Jim Reimann:

Nuestros ojos son los que con mucha frecuencia nos llevan a pecar. Cuando vemos algo que nos tienta y no nos negamos a abandonarlo, nuestros pensamientos nos dominan y al final, la tentación engendra el pecado. Así lo expresa la Palabra de Dios:

Cada uno es tentado cuando sus propios malos deseos lo arrastran y seducen. Luego, cuando el deseo ha concebido, engendra el pecado; y el pecado, una vez que ha sido consumado, da a luz la muerte.

SANTIAGO 1:14-15

Así que, es crucial decidir de antemano lo que permitiremos que nuestros ojos vean. Reflexiona en las palabras de David, que dijo: «No me pondré como meta nada en que haya perversidad» (Salmo 101:3); y de Job, que expresó: «Yo había convenido con mis ojos no mirar con lujuria a ninguna mujer» (Job 31:1).

Padre, «hacia ti dirijo la mirada, hacia ti, cuyo trono está en el cielo. Como dirigen los esclavos la mirada hacia la mano de su amo, como dirige la esclava la mirada hacia la mano de su ama, así dirigimos la mirada al SEÑOR *nuestro Dios, hasta que nos muestre compasión»* (Salmo 123:1-2).

DÍA 54

Así también traerá Dios con Jesús a los que durmieron en él.

1 Tesalonicenses 4:14, RVR 1960

De la pluma de Charles Spurgeon:

Este versículo no debería llevarnos a creer que las almas duermen permaneciendo en una especie de estado de inconsciencia luego de la muerte, porque el susurro de Cristo a todo santo al borde de la muerte es: «Hoy estarás conmigo en el paraíso» (Lucas 23:43). Sí, «durmieron en él», pero su alma está «delante del trono de Dios, y día y noche le sirven en su templo» (Apocalipsis 7:15) y cantan aleluya a Aquel que los lavó de sus pecados con su sangre preciosa.

El cuerpo descansa en su solitario lecho terrenal bajo una cubierta de pasto, pero en este versículo, ¿qué significa la palabra durmieron? En este contexto el Espíritu de Dios nos da la idea de descanso. Esto hace que dormirnos cada noche sea una especie de día de reposo para nosotros, para estar bien al día siguiente. Y ese descanso del alma impide que se aproximen intrusos para que la vida que esta tiene ingrese en el jardín veraniego del reposo. El creyente agobiado por su trabajo descansa como un bebé en el regazo de su madre.

¡Cuán felices y benditos son los que mueren en el Señor! Descansan de su trabajo y los siguen sus buenas obras, sin embargo, su descanso no será interrumpido hasta que Dios los levante y les dé su plena recompensa. Cuidados por los ángeles y rodeados de misterios eternos, ellos (los héroes de gloria) descansan hasta que el cumplimiento del tiempo finalmente les traiga la plenitud de la redención. ¡Y qué glorioso será su despertar!

Sus cuerpos fueron al descanso gastados y abatidos, pero no es así como resucitarán. Descendieron a su lecho terrenal con el ceño fruncido, pálidos y sin fuerzas pero resucitarán bellos y glorificados.

La mustia semilla, sin forma ni atractivo, se elevará del polvo de la tierra como una hermosa flor. La fría tumba invernal dará lugar a la primavera de la redención y al verano de gloria.

Por consiguiente, bendita es la muerte física dado que por medio de ella el divino poder de Dios nos quita nuestra cotidiana ropa de trabajo para vestirnos con ropaje de boda e incorrupción. ¡Benditos son «los que durmieron en [Jesús]»!

De la pluma de Jim Reimann:

Muchas personas le temen a la muerte pero es algo a lo que los creyentes jamás deben tenerle miedo. Pablo hace que parezca algo tan simple y sencillo como irse a dormir («los que durmieron en él»; 1 Tesalonicenses 4:14, RVR 1960), y el Antiguo Testamento nos dice: «Todo tiene su momento oportuno ... un tiempo para nacer, y un tiempo para morir» (Eclesiastés 3:1-2).

Otros pueden decir: «No es que le tema a estar muerto, sino al momento de la muerte». Pero no solo el día y la hora de nuestra muerte está en las manos de Dios sino también la manera en que hemos de morir. Y aunque sea una partida dolorosa o no, el Señor promete: «Nunca te dejaré; jamás te abandonaré» (Hebreos 13:5). Él es el «Padre misericordioso y Dios de toda consolación, quien nos consuela en todas nuestras tribulaciones» (2 Corintios 1:3-4).

> Mi ardiente anhelo y esperanza es que en nada seré avergonzado, sino que con toda libertad, ya sea que yo viva o muera, ahora como siempre, Cristo será exaltado en mi cuerpo. Porque para mí el vivir es Cristo y el morir es ganancia.
>
> FILIPENSES 1:20-21

Que incluso nuestra muerte traiga gloria a Dios, dado que Jesús le dijo a Pedro: «la clase de muerte con que ... glorificaría a Dios» (Juan 21:19).

DÍA 55

Santifícalos en la verdad.

Juan 17:17

De la pluma de Charles Spurgeon:

La santificación se inicia con la regeneración. El Espíritu de Dios le infunde a la persona esa nueva verdad viva por la que se convierte en una «nueva creación» en Cristo (ver 2 Corintios 5:17). Esta obra, que se inicia con el nuevo nacimiento, se desarrolla de dos maneras: mediante la mortificación o muerte se someten «los deseos de la naturaleza pecaminosa» (Gálatas 5:16); y la vivificación o la vida según la cual la vida que Dios ha puesto en nosotros se convierte en un «manantial del que brotará vida eterna» (Juan 4:14).

Este proceso continúa cada día a través de lo que se denomina perseverancia por medio de la cual los cristianos son continuamente preservados en un estado de gracia y se hace que «toda buena obra abunde en ustedes» (2 Corintios 9:8) «para alabanza de su gloria [de Dios]» (Efesios 1:14). Al final, los creyentes llegarán a la perfección en «gloria» cuando el alma, totalmente purificada, sea «[arrebatada]» (1 Tesalonicenses 4:17) para habitar con los seres celestiales «a la derecha de la Majestad en las alturas» (Hebreos 1:3).

Mientras que el Espíritu de Dios es el autor de la santificación, hay un agente visible en acción que no se debe olvidar. Jesús dijo: «Santifícalos en *la verdad; tu palabra es la verdad*». Hay muchos pasajes de las Escrituras que prueban que el instrumento de nuestra santificación es la Palabra de Dios. Esta es su manera de obrar: El Espíritu de Dios trae los preceptos y las doctrinas de la verdad a nuestra mente y luego las aplica por medio de su poder. Nuestros oídos escuchan estas verdades y, cuando las recibimos en nuestro corazón, obran en nuestra vida «tanto el querer como el hacer para que se cumpla su buena voluntad» (Filipenses 2:13).

Su verdad es la que nos santifica; por tanto, si no escuchamos ni leemos la verdad, no creceremos en santificación. Solo progresaremos en la vida si progresamos en el entendimiento. «Tu palabra es una lámpara a mis pies; es una luz en mi sendero» (Salmo 119:105). Jamás consientas el error de entrar en conflicto con las Escrituras como «cuestión de opiniones», dado que nadie consiente un error en el juicio, por ejemplo, sin que tarde o temprano termine tolerando un error en sus acciones.

«Sigue» (2 Timoteo 1:13) la verdad, porque si permaneces en ella y te aferras a la verdad serás [santificado] por el Espíritu Santo» (Romanos 15:16).

De la pluma de Jim Reimann:

En nuestro andar cristiano, en especial durante las duras pruebas, sería mucho más sencillo morir e irse al cielo. ¡Cuántas veces no le hemos pedido al Señor que nos lleve al hogar para dejar todos nuestros problemas atrás!

Sin embargo, apenas dos versículos antes, Jesús oró: «*No te pido que los quites del mundo*, sino que los protejas del maligno» (Juan 17:15). Y luego siguió diciendo: «Ruego también por los que han de creer en mí por el mensaje de ellos» (Juan 17:20).

Amado creyente, cuando los tiempos se pongan difíciles, recuerda que Jesús oró por «los que *han de creer*», en referencia al futuro, como en tu caso. Y oró para que fueras protegido «del maligno». Así que camina con fe, sabiendo que él te protege y que se halla en el proceso de perfeccionarte para que reflejes «la gloria del Señor» (2 Corintios 3:18).

Padre, dame el don del contentamiento en esta vida. Y que yo pueda tener una mayor pasión por tu Palabra, la que usas para santificarme.

DÍA 56

Llamados a ser santos.

Romanos 1:7

De la pluma de Charles Spurgeon:

Somos propensos a considerar que los santos apostólicos del primer siglo eran más santos que cualquier otro hijo de Dios. Creemos que los apóstoles eran personas extraordinarias que no estaban sujetas a las mismas debilidades y tentaciones que nosotros; pero todos aquellos llamados por la gracia de Dios y santificados por su Espíritu son santos. No obstante, al pensar así olvidamos la verdad de que mientras más cerca de Dios vive el hombre, mayor será la intensidad con la que padecerá por su malvado corazón; y mientras más honre a su Maestro con su servicio, más lo tentarán los males de la carne día tras día.

Lo cierto es que si hubiéramos conocido personalmente al apóstol Pablo, lo habríamos considerado bastante parecido al resto de nosotros dentro de la familia de Dios. Y luego de haber hablado con él, habríamos opinado: «Su experiencia es bastante similar a la nuestra. Es más fiel, más santo y más instruido en la Palabra de Dios que nosotros, pero tiene las mismas (si no peores) pruebas que enfrentar». Por lo tanto, no consideres que los santos de la antigüedad estaban exentos de dificultades, debilidades o pecados, y no te refieras a ellos con una reverencia mística cercana a la idolatría. El nivel de santidad que ellos consiguieron es posible para nosotros, dado que fuimos «llamados a ser santos» por la misma voz que los llamó a ellos a su elevada vocación.

En realidad, es responsabilidad de cada cristiano abrir su propio camino hacia este círculo íntimo de la santidad, y si encontramos que los logros de los santos de antaño fueron superiores a los nuestros (como en verdad lo fueron), sigamos su ejemplo copiando su pasión y su santidad. Tenemos la misma luz que ellos tuvieron y la misma gracia es accesible a nosotros, por lo tanto, ¿por qué habríamos de sentirnos satisfechos con algo menos que un carácter celestial? Ellos vivieron *con* Jesús, vivieron *para* Jesús y entonces fueron *como* Jesús.

Al vivir en el mismo Espíritu, vivamos de la misma manera que ellos. «Fijemos la mirada en Jesús» (Hebreos 12:2). Entonces, nuestra santidad se manifestará pronto.

De la pluma de Jim Reimann:

No solamente pensamos que los apóstoles fueron más «santos» que nosotros sino que también tenemos una opinión más elevada de los santos del Antiguo Testamento. Sin embargo, ellos también fueron personas comunes y corrientes a quienes el Señor usó de maneras extraordinarias. Por ejemplo, Santiago nos dice: «Elías era un hombre con debilidades como las nuestras. Con fervor oró que no lloviera, y no llovió sobre la tierra durante tres años y medio» (Santiago 5:17).

Es incluso más alentador lo que el escritor de Hebreos nos dice acerca del Señor Jesús:

> Por tanto, ya que ellos son de carne y hueso, él también compartió esa naturaleza humana para anular, mediante la muerte, al que tiene el dominio de la muerte —es decir, al diablo—, y librar a todos los que por temor a la muerte estaban sometidos a esclavitud durante toda la vida. Pues, ciertamente, no vino en auxilio de los ángeles sino de los descendientes de Abraham. Por eso *era preciso que en todo se asemejara a sus hermanos,* para ser un sumo sacerdote fiel y misericordioso al servicio de Dios, a fin de expiar los pecados del pueblo. *Por haber sufrido él mismo la tentación, puede socorrer[nos] a los que [somos] tentados.*
>
> HEBREOS 2:14-18

DÍA 57

De la pluma de Charles Spurgeon:

El enojo no es necesariamente un pecado en todos los casos, sin embargo, como suele tener la tendencia de descontrolarnos, cada vez que aflora debemos rápidamente cuestionar su naturaleza. Tendríamos que formularnos la siguiente pregunta: «¿Tienes derecho a enojarte?» Y habrá ocasiones en que la respuesta sea: «Sí», porque a veces es el «fuego del cielo» (2 Reyes 1:10) de Elías; pero con frecuencia no es más que la manifestación de un hombre que está fuera de control. Enojarse por el pecado es algo bueno porque el pecado está en contra de nuestro buen Dios lleno de gracia. Es bueno enojarse contra uno mismo por actuar con necedad frente a tantas instrucciones piadosas o enojarse contra otros cuando el único motivo de nuestro enojo es el mal que está causando. El que no se enoja ante el pecado es partícipe de este, porque el pecado es repugnante, despreciable y ningún corazón renovado podrá soportarlo con paciencia. Dios mismo se enoja a diario con los malvados y su Palabra dice: «El Señor ama a los que odian el mal» (Salmo 97:10).

No obstante, es mucho más frecuente que nuestro enojo no sea encomiable ni justificable, por lo que nuestra respuesta debiera ser: «No, no tengo derecho a estar enojado». ¿Por qué nos irritamos con nuestros hijos, nos exasperamos con nuestros empleados y nos enfadamos con nuestros amigos? ¿Es esta clase de enojo honrosa para nuestro testimonio cristiano o acaso glorifica a Dios? ¿No es este tipo de enojo evidencia de que nuestro antiguo y malvado corazón procura recuperar el control? ¿No debemos resistirlo con todo el poder de nuestra naturaleza renacida? Muchos que profesan ser cristianos permiten que su temperamento reine con libertad, como si fuera inútil resistirse.

No obstante, los creyentes tenemos que recordar que debemos «en todo esto [ser] más que vencedores por medio de aquel que nos amó» (Romanos 8:37), de otro modo, no recibiremos la corona.

Si no somos capaces de controlar nuestro temperamento, ¿qué ha hecho la gracia por nosotros? Alguien dijo una vez que la gracia está injertada en el tocón del manzano silvestre más amargo. Esto quizás sea cierto, pero entonces el fruto ya no será amargo. Jamás tenemos que usar nuestras debilidades naturales como excusa para pecar. En cambio, sin falta debemos acudir a la cruz y rogarle al Señor que crucifique nuestro temperamento y renueve en nosotros la amabilidad y la humildad que refleja su imagen.

De la pluma de Jim Reimann:

El apóstol Pablo aborda el tema del enojo dentro del contexto de la lucha entre nuestra vieja y nuestra nueva naturaleza. Él dice:

> Con respecto a la vida que antes llevaban, se les enseñó que debían quitarse el ropaje de la vieja naturaleza, la cual está corrompida por los deseos engañosos; ser renovados en la actitud de su mente; y ponerse el ropaje de la nueva naturaleza, creada a imagen de Dios, en verdadera justicia y santidad ... «Si se enojan, no pequen.» No dejen que el sol se ponga estando aún enojados, ni den cabida al diablo.
>
> EFESIOS 4:22-24,26-27

Luego, reitera su advertencia sobre el enojo:

> No agravien al Espíritu Santo de Dios, con el cual fueron sellados para el día de la redención. *Abandonen toda amargura, ira y enojo, gritos y calumnias, y toda forma de malicia.* Más bien, sean bondadosos y compasivos unos con otros, y perdónense mutuamente, así como Dios los perdonó a ustedes en Cristo.
>
> EFESIOS 4:30-32

Señor, perdóname por mi enojo hacia los demás y hacia ti. Que mi enojo solo esté dirigido hacia el pecado y no hacia las personas.

125

DÍA 58

Hermanos amados de Dios, sabemos que él los ha escogido.

1 Tesalonicenses 1:4

De la pluma de Charles Spurgeon:

Muchas personas quieren saber si están entre los escogidos de Dios antes de siquiera mirar a Cristo. Pero de esta manera no podemos saber si hemos sido elegidos, ya que solo se puede hacer cuando «fijemos la mirada en Jesús» (Hebreos 12:2).

Oh, pecador, si deseas saber si estás o no entre los escogidos de Dios, haz lo siguiente y tu corazón tendrá la certeza ante él. Si sientes que eres un pecador culpable que está perdido, ve directo a la cruz de Cristo y confiésalo a Jesús. Luego dile lo que leíste en la Biblia: «al que a mí viene, no lo rechazo» (Juan 6:37) y «Este mensaje es digno de crédito y merece ser aceptado por todos: que Cristo Jesús vino al mundo a salvar a los pecadores» (1 Timoteo 1:15). Fija la mirada en Jesús y cree en él, y así, de forma inmediata, tendrás la prueba de tu elección, porque apenas creas, sabrás que eres uno de los escogidos. Si te entregas por completo a Cristo y confías en él, eres uno de los escogidos de Dios; pero si te detienes y te dices: «Primero quiero saber si soy o no uno de los escogidos»; entonces realmente no comprendiste lo que estás pidiendo.

No importa el tamaño de tu culpa, acude a Jesús tal como eres y deja atrás todas las interrogantes respecto a tu elección. Acude directamente a Cristo y escóndete en sus heridas, y así tendrás la certeza de ser elegido. Recibirás la confirmación de parte del Espíritu Santo y podrás decir: «Sé en quién he creído, y estoy seguro de que tiene poder para guardar hasta aquel día lo que le he confiado» (2 Timoteo 1:12). En la eternidad pasada Cristo estaba presente en el concilio de la divinidad y puede decirte si fuiste o no escogido en él. No podrás descubrirlo de ninguna otra manera.

Ve a Jesús, pon en él tu confianza y su respuesta será: «Con amor eterno te he amado; por eso te sigo con fidelidad» (Jeremías 31:3). Así que, una vez que tú decidas «elegirlo» a él, no habrá dudas de que él te ha elegido.

Aquellos que creemos en Jesucristo
somos hijos por medio de la elección de Dios.

ISAAC WATTS, 1674-1748

De la pluma de Jim Reimann:

La elección es una doctrina que hasta cristianos de muchos años la rechazan. Sin embargo, es una enseñanza que vemos en toda las Escrituras. En esencia, la elección tiene que ver con la absoluta soberanía de Dios en lo que respecta a nuestra salvación. Como lo expresara Spurgeon en cierta oportunidad: «Algunos hombres odian la doctrina de la soberanía divina; pero los que han sido llamados por la gracia la aman porque reconocen que de no haber existido la soberanía jamás habrían sido salvos. ¿Había algo bueno en nosotros que movió el corazón de Dios a salvarnos? No permita Dios que accedamos a tal pensamiento blasfemo. Díganme, ustedes los que niegan la soberanía divina, ¿cómo puede ser que los publicanos y las rameras entran al reino de los cielos, mientras que el presumido fariseo queda afuera?»

Si te encuentras luchando con la elección y la soberanía de Dios, piensa en las palabras de Jesús: «Nadie puede venir a mí *si no lo atrae el Padre que me envió*» y «les dije que nadie puede venir a mí, *a menos que se lo haya concedido el Padre*» (Juan 6:44,65).

DÍA 59

Dios nos ha entregado sus preciosas y magníficas promesas.

2 Pedro 1:4

De la pluma de Charles Spurgeon:

Si en verdad deseas experimentar «sus preciosas y magníficas promesas» y disfrutarlas en tu vida, entonces medita en ellas con frecuencia. Las promesas de Dios son como uvas en una prensa de vino, dado que cuando comienzas a caminar en ellas, el jugo comienza a fluir. Por lo tanto, meditar en ellas con frecuencia será el preludio para su cumplimiento y mientras reflexionas en las promesas, la bendición que buscas vendrá a ti sin que siquiera te des cuenta. Muchos cristianos sedientos de una promesa en particular han descubierto la bendición divina de que esa promesa comenzara a derramarse en sus vidas mientras todavía meditaban en ella. Y se regocijaron por haber sido llevados a meditar en su corazón en aquella promesa.

Además de meditar en las promesas de Dios, procura recibirlas en tu alma como palabra del Señor. Considera lo siguiente en tu corazón: «Si se tratara de promesas humanas, debo analizar el carácter de la persona y su capacidad para cumplir sus promesas. Así también sucede con las promesas de Dios. Mis ojos no deben concentrarse tanto en la grandeza de su misericordia, la cual me asombra, como en la grandeza de quien lo promete, lo cual me alentará sobremanera. Alma mía, quien te habla es "Dios, tu Dios" (Hebreos 1:9), el "Dios, que no miente" (Tito 1:2). Esta promesa suya en la que estás meditando es tan cierta como lo es su existencia. Él es el Dios que no cambia y jamás alterará las palabras que salieron de su boca ni tampoco se retractará de una expresión de consuelo. Tampoco le falta el poder para cumplir su promesa, dado que el mismo Dios que hizo "los cielos y la tierra" (Génesis 2:1) la ha pronunciado. Tiene además la sabiduría perfecta para ofrecer la bendición en el momento oportuno o para retenerla, y su sabiduría nunca falla. Por tanto, sabiendo que la Palabra de Dios es verdad, que no cambia, que es poderosa y sabia, yo voy a creer en su promesa ¡y debo hacerlo!»

Si vamos a meditar en las promesas de Dios de esta manera, enfocándonos en el que hace la promesa, realmente experimentaremos sus bendiciones y recibiremos su cumplimiento.

De la pluma de Jim Reimann:

Según la tradición judía, el Escudo de David representa físicamente la palabra hebrea *amén*. Este emblema es más conocido como la Estrella de David, pero el verdadero nombre es Escudo de David, porque Israel no debe hacerse «ningún ídolo, ni nada que guarde semejanza con lo que hay arriba en el cielo» (Éxodo 20:4). Son dos triángulos entrelazados, uno que apunta hacia la tierra y el otro hacia el cielo, que simbólicamente significa: «Hágase tu voluntad en la tierra como en el cielo» (Mateo 6:10).

Luego de saber esto, analiza las palabras de Pablo: *«Pues tantas como sean las promesas de Dios, en Él todas son sí; por eso también por medio de Él, Amén, para la gloria de Dios por medio de nosotros»* (2 Corintios 1:20, LBLA). Por tanto, las promesas de Dios se cumplirán en nuestras vidas de la misma manera que se cumple su voluntad en el cielo.

En Isaías 65:16 el término hebreo *amén* se emplea dos veces como un nombre: «Cualquiera que en el país invoque una bendición, lo hará por el Dios de la verdad; y cualquiera que jure en esta tierra, lo hará por el Dios de la verdad». En vez de «el Dios de la verdad», el hebreo literalmente dice «el Dios de *amén*». Y cuando Jesús dice: «De cierto, de cierto os digo» (Juan 1:51, RVR 1960) o «Ciertamente les aseguro» (algo que repite veintiséis veces en Juan), en hebreo literalmente expresa: «Amén, amén».

En otras palabras: «se cumplirá» porque nuestro Dios es el *Dios de amén*.

DÍA 60

Yo en ellos...

Juan 17:23

De la pluma de Charles Spurgeon:

Si este versículo describe la unión que existe entre nuestra alma y el Señor, imagina cuán profundo y ancho es el río de nuestra comunión con él. Esta unión no es un caño delgado por el que un diminuto curso de agua se abre paso. No, es un río de asombrosa profundidad y anchura con un importante aporte de «agua viva» (Juan 7:38) que fluye a todo lo largo.

«Mira que delante [de nosotros él ha] dejado abierta una puerta» (Apocalipsis 3:8). No seamos lentos al entrar en la ciudad de la comunión con él. La ciudad tiene «doce puertas» y «cada puerta estaba hecha de una sola perla» (Apocalipsis 21:21) y cada una está completamente abierta por lo que podemos entrar y estar seguros de ser bienvenidos. Si la ciudad solo tuviera una tronera (pequeña hendidura a través de la cual se arrojaban flechas desde los muros de las antiguas fortalezas) por la que se pudiera hablar con Jesús, sería suficiente bendición, por lo menos, intercambiar una palabra amable a través del estrecho agujero. ¡Pero cuánta más bendición es contar con una entrada tan amplia, completamente abierta!

Si el Señor Jesús estuviera alejado de nosotros y nos separara un mar tempestuoso, anhelaríamos enviarle un mensajero con nuestro amor y aguardaríamos con ansias que ese mensajero regresara, trayéndonos noticias de la casa de nuestro padre. Sin embargo, observa su bondad: él ha construido su casa al lado de la nuestra. Y aun más, vive con nosotros, haciendo que nuestro pobre y humilde corazón sea su tabernáculo para poder tener comunión continua con nosotros.

¡Cuán necios somos si no vivimos en continua comunión con él!

Cuando nuestro camino es largo, peligroso y difícil, no debemos preocuparnos por cuán pocas veces se ven los amigos porque al vivir juntos, ¿acaso Jonatán olvidaría a su David? Cuando un esposo se va de viaje, su esposa podrá pasar varios días sin hablar con él; pero no soportaría estar separada de él si supiera que está en una de las habitaciones de su propia casa.

De manera que, tú que eres cristiano, ¿por qué no te sientas al «banquete, [donde] bebían vino» (Ester 5:6, RVR 1960). «Buscad a Jehová» porque «está cercano» (Isaías 55:6, RVR 1960). Abrázalo, porque es tu Hermano. Aférrate a él porque es tu Esposo y llévalo cerca de tu corazón porque él es tu propia carne y tu propia sangre.

De la pluma de Jim Reimann:

Es prácticamente imposible que como seres humanos podamos comprender la increíble unidad que tenemos con el Señor Jesús y su iglesia. Él fue uno con su Padre. Ha experimentado esta unidad eternamente con su Padre, sin jamás tener ni un solo pensamiento fuera de la voluntad de su Padre, mucho menos una acción. Y aunque para nosotros sea difícil comprender ese nivel de unidad, Jesús dijo: «Ya no voy a estar por más tiempo en el mundo, pero ellos están todavía en el mundo, y yo vuelvo a ti. Padre santo, protégelos con el poder de tu nombre, el nombre que me diste, para que sean uno, lo mismo que nosotros» (Juan 17:11).

Y Jesús, como símbolo de nuestra unidad con él, no solo comparte su poderoso nombre con nosotros sino que nos da otro bello símbolo de unidad con él: su gloria; porque continúa diciendo: «Yo les he dado la gloria que me diste, para que sean uno, así como nosotros somos uno» (Juan 17:22).

Señor, ayúdanos al esforzarnos «por mantener la unidad del Espíritu mediante el vínculo de la paz» (Efesios 4:3) en esta vida como lo será en el cielo.

DÍA 61

[Dios] hace todas las cosas conforme al designio de su voluntad.

Efesios 1:11

De la pluma de Charles Spurgeon:

Si confiamos en la sabiduría de Dios, entonces creeremos que él tiene un determinado plan y propósito en la obra de salvación. ¿Qué habría sido de la creación sin el diseño divino? ¿Acaso hay un pez del mar o un ave del cielo cuya formación fuera al azar? No. Cada uno de nosotros, por igual, tiene la evidencia de la presencia de Dios obrando en todo conforme al diseño de su infinita sabiduría en cada hueso, articulación, músculo, tendón, glándula y vaso sanguíneo. Y si Dios estuvo presente en la creación, gobernándolo todo, ¿acaso no gobernaría también la gracia? ¿Y acaso su nueva creación tendría el gobierno del «genio» caprichoso del libre albedrío cuando es su divino consejo el que gobierna la antigua creación?

¡Observa la Providencia misma! ¿Sabías que ni un solo gorrión «caerá a tierra sin que lo permita el Padre»? (Mateo 10:29) «Él les tiene contados a ustedes aun los cabellos de la cabeza» (Mateo 10:30). Dios pesa «en una balanza las montañas [de nuestro sufrimiento] y los cerros [de nuestras tribulaciones]» (Isaías 40:12). ¿Debemos creer en un Dios de la Providencia para esto pero no en lo que se refiere a la gracia y a la salvación? ¿Debe la cáscara recibir instrucciones de su sabiduría divina pero la semilla en el interior quedar a su suerte? No, porque él conoce «el fin desde el principio» (Isaías 46:10).

Cuando Dios ve su templo, no solamente observa la piedra angular que se colocó en el lugar indicado y tiene el glorioso color de la sangre de su precioso Hijo sino que ve cada piedra escogida de la cantera de este mundo, pulida por su divina gracia y puesta también en el lugar indicado. Observa la totalidad del edificio, desde la piedra del ángulo hasta la cornisa, del piso al techo, de los cimientos al pináculo. El Señor ya tenía un claro conocimiento de cada piedra que se colocaría en su lugar preparado, él sabe el tamaño que tendrá el edificio y ha declarado cuál es el momento exacto en que «él sacará la primera piedra entre aclamaciones de: ¡Qué bella, qué bella es!» (Zacarías 4:7, RVR 1995).

Y, al final, se verá que Jehová cumplió su perfecta voluntad en cada una de las vasijas escogidas que por su misericordia le pertenecen, y que en cada aspecto de su obra de gracia él cumplió su propósito y glorificó su nombre.

De la pluma de Jim Reimann:

Dios es soberano y aunque casi todos los cristianos reconocen esta doctrina, muchos la niegan con sus otras creencias y acciones. Se ha dicho: «Si quieres que Dios se ría, ¡planifica!» Por supuesto, la planificación y las metas no son malas en sí mismas; pero nuestros planes jamás impedirán la soberanía de Dios, porque él ha dicho: «El SEÑOR frustra los planes de las naciones; desbarata los designios de los pueblos» (Salmo 33:10).

Realmente Salomón comprendió esta verdad, dado que escribió: «El corazón del hombre traza su rumbo, pero sus pasos los dirige el SEÑOR» (Proverbios 16:9). Y nuevamente leemos en los Salmos: «El SEÑOR hace todo lo que quiere en los cielos y en la tierra, en los mares y en todos sus abismos» (Salmo 135:6).

Esto es así en todas las cosas, ¡incluso en la salvación! «Dichoso aquel a quien tú escoges, al que atraes a ti para que viva en tus atrios!» (Salmo 65:4). «¡La salvación viene del SEÑOR!» (Jonás 2:9).

DÍA 62

El Cordero es su lumbrera.

Apocalipsis 21:23

De la pluma de Charles Spurgeon:

Contempla con calma al Cordero como la luz del cielo. La luz en las Escrituras es símbolo de gozo. Y el gozo de los santos en el cielo consta de lo siguiente: Jesús nos escogió, nos amó, nos compró, nos limpió, nos vistió, nos guardó y nos glorificó. Por lo tanto, los santos están allí únicamente por el Señor Jesús, y cada una de sus obras debe ser para nosotros como un «racimo de uvas» del «valle del arroyo Escol» (Números 13:23).

La luz también es la causa de la belleza, porque nada bello puede verse cuando no hay luz. Sin luz no puede existir la radiante brillantez de un zafiro ni el pacífico destello que proyecta una perla. Por tanto, toda la belleza de los santos de arriba proviene de Jesús. Al igual que los planetas, los que están en el cielo reflejan la luz del «sol de justicia» (Malaquías 4:2) y viven como rayos de sol que emanan de una esfera central. Si él los aparta, morirían y si su gloria fuera velada, la de ellos cesaría.

La luz es también el símbolo del conocimiento. En el cielo nuestro conocimiento será pleno, pero el Señor Jesucristo, en persona, será la fuente. Los oscuros misterios de Dios que nunca antes se comprendieron quedarán claramente expuestos y todo lo que hoy nos perturba y desconcierta se resolverá a la luz del Cordero. ¡Qué comprensión habrá y cuánta alabanza se elevará al Dios de amor!

La luz también significa revelación, dado que la luz revela lo escondido. En este mundo todavía no hemos visto lo que seremos en el cielo. El pueblo de Dios es un pueblo «escondido», pero cuando Cristo lo reciba en el cielo, lo tocará con el cetro de su amor para transformarlo a la imagen de su gloria revelada. Una vez fuimos pobres y miserables, pero ¡qué transformación experimentaremos! Una vez estuvimos manchados por el pecado, pero con solo un toque de su dedo seremos brillantes como el sol y transparentes como el cristal.

¡Oh, qué revelación! ¡Qué transformación! Y todo esto brota del Cordero exaltado. Cualquier resplandor y esplendor que allí haya, será Jesús el centro y la esencia de todo. Qué gran gozo será estar presentes y verlo en la plenitud de su luz como «REY DE REYES Y SEÑOR DE SEÑORES» (Apocalipsis 19:16).

De la pluma de Jim Reimann:

Es verdad que, como dijo Spurgeon: «En este mundo todavía no hemos visto lo que seremos en el cielo» pero sabemos que «somos hijos de Dios, pero todavía no se ha manifestado lo que habremos de ser. Sabemos, sin embargo, que cuando Cristo venga *seremos semejantes a él*» (1 Juan 3:2).

«¡Seremos semejantes a él!» ¡Qué glorioso pensamiento! Y más aún… ¡qué gloriosa verdad! Pablo nos enseñó que estamos en «Cristo Jesús» (1 Corintios 1:30) y «si Cristo está en [nosotros]» (Romanos 8:10), entonces no debe sorprendernos que lleguemos a ser «semejantes a él». No obstante, esta es otra gloriosa verdad de nuestro bondadoso Señor que «sobrepasa nuestro conocimiento» (Efesios 3:19) y la comprensión humana.

«Así, todos *nosotros*, que con el rostro descubierto reflejamos como en un espejo la gloria del Señor, *somos transformados a su semejanza* con más y más gloria por la acción del Señor, que es el Espíritu» (2 Corintios 3:18).

Dios mío, que hasta entonces yo pueda reflejar tu gloria a la perfección, que pueda darte la gloria cada día y que pueda la gente reconocer «que [he] estado con Jesús» (Hechos 4:13).

DÍA 63

Había salido Isaac a meditar al campo.

Génesis 24:63, RVR 1995

De la pluma de Charles Spurgeon:

Al meditar, Isaac estaba haciendo un buen uso del tiempo. Los que pasan mucho tiempo en ociosidad con sus amigos, con lecturas livianas o pasatiempos inútiles podrían aprender de Isaac. Descubrirían una comunión mucho más provechosa y un mejor uso del tiempo si meditaran en vez de persistir en las vanas actividades que tanto les atraen. Si pasáramos más tiempo meditando a solas, todos sabríamos más, viviríamos más cerca de Dios y maduraríamos en gracia. La meditación nos permite «rumiar» y extraer los nutrientes del alimento mental que recogimos de diversas partes. Así que, cuando Jesús es el objeto de nuestra meditación, esta resulta más satisfactoria y útil. Recuerda, Isaac halló a Rebeca mientras estaba meditando, tal como muchos otros encontraron a su pareja.

También es interesante destacar el lugar que eligió Isaac para meditar. Al aire libre vemos muchas cosas en las que meditar, desde los altos cedros hasta las pequeñas plantas de hisopo, desde las águilas que planean allá arriba hasta los saltamontes que chirrían abajo, y desde la inmensidad del cielo azul a la gota de rocío. Todas estas cosas están plagadas de enseñanzas y cuando nuestros ojos estén divinamente abiertos, esa enseñanza iluminará nuestra mente de manera más clara que el conocimiento que se obtiene de los libros. El interior de nuestro hogar no es tan saludable, ni placentero, ni inspirador de pensamientos ni de ideas como la intemperie. No debemos pensar que algo de la creación es común o impuro, sino reconocer que todo lo creado apunta a su Creador. Entonces, de inmediato el aire libre se convertirá en un lugar santo para nosotros.

También es de destacar la elección de Isaac acerca de la hora del día para meditar. Escogió el momento en que el atardecer despliega su velo sobre el día, el momento perfecto para calmar el alma y permitir que las preocupaciones mundanas cedan el paso al gozo de la comunión celestial. La gloria de la puesta de sol y la solemnidad de la aproximación de la noche despiertan nuestro sentido de asombro y admiración.

Querido lector, si tu agenda te lo permite, sería muy valioso para ti que esta tarde pasaras una hora caminando al aire libre. Y si estás en una ciudad, el Señor también está allí, y se encontrará contigo en tu cuarto e incluso en la calle atestada de gente. Dondequiera que estés, permite que en este día tu corazón vaya a encontrarse con él.

De la pluma de Jim Reimann:

A menudo la meditación tiene una connotación negativa, probablemente debido a que se practica en muchos cultos. Sin embargo, la meditación es un concepto bíblico. Lo crucial es el objeto de nuestra meditación, y los Salmos nos dan una buena lista en la cual enfocarnos:

«Oh Dios, meditamos en tu gran amor» (48:9).

«Meditaré en todas tus proezas; evocaré tus obras poderosas» (77:12).

«En tus preceptos medito, y pongo mis ojos en tus sendas» (119:15).

«Este siervo tuyo medita en tus decretos» (119:23).

«Meditaré en tus maravillas» (119:27).

«¡Cuánto amo yo tu ley! Todo el día medito en ella» (119:97).

«Medito en tus estatutos» (119:99).

«... para meditar en tu promesa» (119:148).

«Sean, pues, aceptables ante ti mis palabras y mis pensamientos, oh Señor, roca mía y redentor mío» (Salmo 19:14).

DÍA 64

El que abre brecha marchará al frente ... mientras su rey
avanza al frente, mientras el SEÑOR va a la cabeza.

Miqueas 2:13

De la pluma de Charles Spurgeon:

Debido a que Jesús ha ido delante de nosotros, las cosas no han permanecido igual que si él jamás hubiera pasado por allí. Él ha vencido
a cada enemigo que obstruyó el paso, así que... ¡ánimo guerreros
amedrentados! Cristo no solo ha transitado por tu camino sino que
destruyó a tus enemigos. ¿Le temes al pecado? Él lo ha clavado a la
cruz. ¿Tienes miedo a la muerte? Él se convirtió en la muerte de la
muerte. ¿Te atemoriza el infierno? Él ha clausurado la entrada para
cada uno de sus hijos y ellos jamás atisbarán siquiera el hoyo de la
eterna destrucción.

Cualquier enemigo que pueda venir contra el cristiano ya está vencido. Podrán ser leones, pero sus dientes están quebrados; podrán ser
serpientes, pero sus colmillos ya se extrajeron; podrán ser ríos, pero
los puentes lo atravesaron o son muy poco profundos para vadearlos;
podrán ser llamas, pero tenemos trajes antiflamatorios que nos hacen
invulnerables al fuego. La espada que se ha forjado en nuestra contra
se desafiló y todo otro instrumento de guerra que el enemigo prepara
para nosotros también ha perdido su agudeza. Por medio de la persona
de Cristo, Dios ha eliminado todo poder de cualquier cosa diseñada
para lastimarnos.

Por lo tanto, el ejército del Señor puede marchar seguro, y puedes
continuar gozoso tu camino ya que todos tus enemigos se han vencido de antemano. ¿Qué harás sino marchar e ir tras el objetivo? Tus
enemigos están vencidos, fueron derrotados, lo único que tienes que
hacer es repartir el botín. Es cierto que con frecuencia te involucrarás

en un combate, pero tu batalla será contra un enemigo derrotado. Su cabeza ha sido aplastada (ver Génesis 3:15) y aunque él podría intentar lastimarte, no tendrá las fuerzas suficientes para llevar a cabo sus planes maliciosos. Tu victoria será sencilla y tu tesoro, incalculable.

Proclama en alta voz la fama del Salvador,
El nombre extraordinario de destructor;
Dulce nombre, y le sienta bien,
Porque destruye el mundo, el pecado, la muerte y el infierno.

SAMUEL MELLEY, 1738-1799

De la pluma de Jim Reimann:

David realmente comprendió que los del pueblo de Dios son «más que vencedores» (Romanos 8:37), porque una y otra vez el Señor los libró de sus enemigos. Y debido a su profunda convicción, él no tenía temor, sino que andaba por fe. Así lo expresó:

El SEÑOR es mi luz y mi salvación; ¿a quién temeré? El SEÑOR es el baluarte de mi vida; ¿quién podrá amedrentarme? Cuando los malvados avanzan contra mí para devorar mis carnes, cuando mis enemigos y adversarios me atacan, son ellos los que tropiezan y caen. Aun cuando un ejército me asedie, no temerá mi corazón; aun cuando una guerra estalle contra mí, yo mantendré la confianza. Una sola cosa le pido al SEÑOR, y es lo único que persigo: habitar en la casa del SEÑOR todos los días de mi vida, para contemplar la hermosura del SEÑOR y recrearme en su templo. Porque en el día de la aflicción él me resguardará en su morada; al amparo de su tabernáculo me protegerá, y me pondrá en alto, sobre una roca. Me hará prevalecer frente a los enemigos que me rodean; en su templo ofreceré sacrificios de alabanza y cantaré salmos al SEÑOR.

SALMO 27:1-6

DÍA 65

Para siempre ha ordenado su pacto.

Salmo 111:9, RVR 1960

De la pluma de Charles Spurgeon:

El pueblo del Señor se deleita en el pacto de Dios. Para ellos es una inquebrantable fuente de consuelo al mismo tiempo que el Espíritu Santo los lleva «a la sala del banquete», agitando «su bandera de amor» (Cantares 2:4). Se deleitan cuando consideran cuán antiguo es el pacto de Dios y recuerdan que antes de que pusieran al sol en su lugar o los planetas comenzaran a girar en su órbita, el interés de los santos estaba asegurado en Cristo Jesús. Les resulta particularmente agradable recordar la seguridad del pacto, mientras meditan en el «constante amor [de Dios] por David» (Isaías 55:3). Además, se deleitan en celebrar que el pacto ha sido «firmado, sellado y entregado». Y con frecuencia hace que su corazón estalle de gozo al pensar en su inmutabilidad; que ni el tiempo ni la eternidad, ni la vida ni la muerte, serán capaces de anular un pacto tan antiguo como la misma eternidad y tan perdurable como la Roca de la eternidad.

También se regocijan al celebrar la plenitud del pacto, pues en él ven todas las bendiciones provistas para ellos. Ven a Dios como su herencia, a Cristo como su compañía, al Espíritu como su Consolador, la tierra como su alojamiento transitorio y el cielo como su hogar. En el pacto ven una herencia reservada y protegida para cada alma que posee interés en su antigua y eterna cesión de dones. Sus ojos brillaron cuando por primera vez vieron el pacto como un bendito tesoro escondido en la Biblia. ¡Cuán eufóricas estaban sus almas al darse cuenta de que esta última voluntad y testamento de su familia divina también les fueron legados a ellos!

Por encima de todo está el placer del pueblo de Dios de considerar

140

la gracia del pacto de Dios. Ven que la ley fue anulada porque era un pacto de obras que dependía del mérito. No obstante, ellos perciben correctamente que este pacto es duradero debido a la gracia. Gracia como única condición, gracia como única base, gracia como totalidad del acuerdo, gracia como protección, gracia como fundamento y gracia como cúspide.

Por tanto, el pacto es un tesoro de riqueza, un depósito de alimentos, una «fuente de la vida» (Salmo 36:9), un almacén de salvación, una carta de paz y un refugio de gozo.

De la pluma de Jim Reimann:

Zacarías, el padre de Juan el Bautista, fue un sacerdote que servía en el templo del Señor. Luego del nacimiento de Juan, él pronunció una bella profecía sobre el «santo pacto» de Dios, según lo llamó. Aquí está lo que «Zacarías, lleno del Espíritu Santo, profetizó»:

> Bendito sea el Señor, Dios de Israel, porque ha venido a redimir a su pueblo. Nos envió un poderoso salvador en la casa de David su siervo (como lo prometió en el pasado por medio de sus santos profetas), para librarnos de nuestros enemigos y del poder de todos los que nos aborrecen; para mostrar misericordia a nuestros padres al acordarse de su santo pacto. Así lo juró a Abraham nuestro padre: nos concedió que fuéramos libres del temor, al rescatarnos del poder de nuestros enemigos, para que le sirviéramos con santidad y justicia, viviendo en su presencia todos nuestros días.
>
> LUCAS 1:67-75

Padre, he sido un «[extranjero] a los pactos de la promesa, sin esperanza» (Efesios 2:12). ¡Gracias por Jesús, quien es mi «esperanza de gloria»! (Colosenses 1:27).

DÍA 66

Romanos 4:20, LBLA

De la pluma de Charles Spurgeon:

Querido cristiano, cuida tu fe y siempre procura fortalecerla. Recuerda: es solo por fe que puedes recibir bendiciones, porque si deseas las bendiciones de Dios, nada puede hacerlas descender del cielo como la fe. La oración no puede obtener respuestas del trono de Dios a menos que vengan a través de la oración ferviente de alguien que cree. La fe es el mensajero angelical entre tu alma y el Señor Jesús en gloria, y si ese «ángel de fe» no está, tu oración no llegará al cielo, ni tampoco vendrá la respuesta a la tierra.

La fe es el medio de comunicación que eslabona el cielo y la tierra. Es el enlace mediante el cual los mensajes de amor de Dios viajan a tal velocidad que antes que lo llamemos, él nos responderá: todavía estaremos hablando cuando ya nos habrá escuchado (ver Isaías 65:24).

Sin embargo, si ese eslabón está roto o desconectado, ¿cómo recibiremos la promesa?

Si estoy en dificultades, sé que recibiré ayuda por medio de la fe. Si el enemigo me ataca, mi alma hallará refugio y descanso en Dios por medio de la fe. Pero si la fe está ausente en mi vida, clamaré a él en vano, porque la fe es el único camino entre mi alma y el cielo. Incluso, en medio del invierno, la fe es el camino en el que los vehículos de la oración podrán viajar, no importa cuán helado esté el camino. Pero, si el camino está bloqueado por falta de fe, ¿cómo podré comunicarme con el gran Rey dado que es la fe la que me relaciona con él?

La fe me reviste del poder de Dios e involucra la omnipotencia de Jehová a mi favor, y asegura que cada atributo de él venga en mi defensa. Se mete en mi batalla para desafiar a las huestes de maldad y hace que «mis enemigos me vuelvan las espaldas» (Salmo 18:40, LBLA).

Sin embargo, cuando vacilo y no tengo fe, soy «como las olas del mar» y en Santiago dice: «Quien es así no piense que va a recibir cosa alguna del Señor» (1:6-7). Por tanto, querido cristiano, pon mucha atención a tu fe porque con ella puedes ganar todas las cosas, no importa cuán pobre seas en lo material; pero sin fe no obtendrás nada.

«Para el que cree, todo es posible» (Marcos 9:23).

De la pluma de Jim Reimann:

Santiago, hermano de nuestro Señor y líder de la iglesia primitiva de Jerusalén, sabía que la oración de fe era la única oración que sería respondida. Esto es lo que él escribió acerca de esta práctica vital del pueblo de Dios:

> ¿Está afligido alguno entre ustedes? Que ore. ¿Está alguno de buen ánimo? Que cante alabanzas. ¿Está enfermo alguno de ustedes? Haga llamar a los ancianos de la iglesia para que oren por él y lo unjan con aceite en el nombre del Señor. La oración de fe sanará al enfermo y el Señor lo levantará. Y si ha pecado, su pecado se le perdonará. Por eso, confiésense unos a otros sus pecados, y oren unos por otros, para que sean sanados. La oración del justo es poderosa y eficaz.
>
> SANTIAGO 5:13-16

Señor, gracias por tu promesa de oraciones respondidas, porque tú has dicho: «Ellos me invocarán y yo les responderé. Yo diré: "Ellos son mi pueblo", y ellos dirán: "El SEÑOR es nuestro Dios"» (Zacarías 13:9).

DÍA 67

Como no podían acercarlo a Jesús por causa de la
multitud, quitaron parte del techo encima de donde
estaba Jesús y, luego de hacer una abertura, bajaron
la camilla en la que estaba acostado el paralítico.

Marcos 2:4

De la pluma de Charles Spurgeon:

La fe puede ser algo sumamente creativo. En el versículo de hoy la casa
estaba llena y hasta la puerta estaba bloqueada, pero la fe halló un camino para llegar hasta el Señor y poner al paralítico ante él. De modo
que si no podemos llevar los pecadores a Jesús por métodos ordinarios,
debemos usar métodos fuera de lo común. Según Lucas 5:19, vemos
que bajaron al hombre «separando las tejas», lo cual quiere decir que
las quitaron, levantando quizás una nube de polvo más el consiguiente
peligro para las personas por la posibilidad de que alguna se cayera.
Así que, si la situación es urgente, no debe preocuparnos correr algún
riesgo y desafiar las ideas de las personas acerca de lo que es o no correcto. Jesús estaba allí para sanar, por lo que la fe se atrevió a actuar
para que su pobre amigo paralizado recibiera el perdón de los pecados.
¡Qué bueno sería que la iglesia tuviera más de esta clase de fe atrevida!

¿Podemos nosotros, querido lector, procurar esta clase de fe para
nosotros mismos y nuestros compañeros cristianos en esta mañana?
¿Podemos intentar llevar a cabo algún acto de valentía por amor a las
almas y la gloria del Señor? El mundo que no cree siempre será creativo, y siendo este el caso, ¿no es posible que también la fe sea creativa
y quizás de alguna manera nueva alcanzar a los perdidos que perecen
a nuestro alrededor?

Fue la presencia de Jesús la que encendió el victorioso valor en los
cuatro hombres que llevaban al hombre paralizado, ¿y no está el Señor

entre nosotros ahora? ¿Hemos visto su rostro esta mañana? ¿Hemos experimentado su poder sanador en nuestra alma? Si es así, por todos los medios debemos intentar trasponer cualquier puerta, ventana o techo y quebrar cualquier barrera para llevar las almas necesitadas a Jesús. Todo medio es bueno y apropiado cuando la fe y el amor están verdaderamente enfocados en ganar almas. Si el hambre de pan puede hacer que alguien atraviese paredes de piedra para obtenerlo, no hay duda alguna de que el hambre por las almas no debe entorpecer nuestros esfuerzos.

Oh, Señor, haznos creativos en los métodos para alcanzar a los necesitados, afligidos por el pecado, y haznos ser lo suficientemente audaces para seguir estos métodos en medio de cualquier peligro.

De la pluma de Jim Reimann:

Spurgeon nos dice hoy que «Jesús estaba allí para sanar» y, en cuanto a esto, en el relato de esta historia hay una frase interesante que hace Lucas: «Y el poder del Señor *estaba con él* para sanar a los enfermos» (Lucas 5:17). Por supuesto, este es el poder del Espíritu Santo, y uno de los maravillosos aspectos del poder del Espíritu es que jamás disminuye aunque se emplee para diversas obras, tales como la sanidad.

Al igual que Jesús sana a otros, el poder del Espíritu fluirá de él hacia los demás. Por ejemplo: «Toda la gente procuraba tocarlo, porque de él salía poder que sanaba a todos» (Lucas 6:19) y «al momento también Jesús se dio cuenta de que de él había salido poder» (Marcos 5:30). Y tal como el Señor les dijo a sus seguidores justo antes de la ascensión al cielo: «Cuando venga el Espíritu Santo sobre ustedes, *recibirán poder*». Sin embargo, fíjate que el resto de la oración nos da el propósito por el cual su poder desciende sobre nosotros: «Y serán mis testigos tanto en Jerusalén como en toda Judea y Samaria, y hasta los confines de la tierra» (Hechos 1:8).

DÍA 68

Si vivimos por el Espíritu, andemos también por el Espíritu.

Gálatas 5:25, RVR 1995

De la pluma de Charles Spurgeon:

Las dos cosas más importantes en nuestra santa religión son la vida de fe y el andar en la fe. Si comprendes esto, no estás lejos de dominar la teología, al menos desde la experiencia, ya que se trata de puntos esenciales para el cristiano. Jamás hallarás la verdadera fe fuera de la verdadera piedad y, a la inversa, nunca encontrarás una verdadera vida de santidad cuya raíz no sea una fe viva basada en la justicia de Cristo. ¡Y cuidado con aquellos que procuran lo uno sin lo otro!

Algunas personas cultivan la fe pero se olvidan de la santidad. Las creencias que profesan pueden ser de alta ortodoxia, pero de profunda condenación porque profesan la verdad pero andan en la injusticia. Luego están los que se ufanan de llevar una vida santa pero niegan la fe. Se parecen a los fariseos de antaño a quienes el Maestro les dijo que eran «sepulcros blanqueados» (Mateo 23:27).

Debemos tener fe, porque es la base de todo; y debemos llevar una vida en santidad, porque es la estructura que se erige sobre esa base. ¿Para qué le sirven unos buenos cimientos a un hombre que se enfrenta a una tormenta? ¿Puede ocultarse en los cimientos y protegerse de la inclemencia del tiempo? No, necesita una casa para cubrirse y también los cimientos para la casa. Del mismo modo necesitamos la estructura de una vida espiritual santa si queremos hallar consuelo en los tiempos de duda. Pero jamás debemos buscar una vida santa sin fe, porque eso sería como levantar una casa que no puede ofrecer refugio permanente ya que su base no está construida «sobre una roca» (Salmo 27:5).

La fe y una vida santa deben ir de la mano. Entonces, como los dos contrafuertes de un puente, esto hace que nuestro arco de devoción espiritual sea resistente y perdurable. Como la luz y el calor resplandecen de un mismo sol, la fe y la vida santa están llenas de bendición. Como las «dos columnas» del templo (ver 2 Crónicas 3:15), la fe y la santidad son para la gloria y la belleza. Son dos corrientes de agua que fluyen de una misma fuente de gracia, dos lámparas encendidas con fuego santo y dos olivos regados por el interés celestial.

Señor, danos vida interior en este día y que esta pueda revelarse para tu gloria.

De la pluma de Jim Reimann:

Hoy Spurgeon emplea la palabra religión, refiriéndose a «las dos cosas más importantes en nuestra santa *religión*». No obstante, hoy en día la palabra religión se refiere a un método para obtener la salvación basándonos en las obras, razón por la cual los creyentes suelen decir: «El cristianismo no es una religión sino una relación». Sin embargo, las versiones de la Biblia, tanto la Nueva Versión Internacional como las versiones de la Reina Valera, siguen usando la palabra *religión* para referirse al cristianismo.

Al leer las siguientes palabras de Santiago en la NVI, fíjate en el énfasis que pone en la pureza: «Si alguien se cree religioso pero no le pone freno a su lengua, se engaña a sí mismo, y su religión no sirve para nada. La religión pura y sin mancha delante de Dios nuestro Padre es ésta: atender a los huérfanos y a las viudas en sus aflicciones, y conservarse limpio de la corrupción del mundo» (Santiago 1:26-27).

Por lo tanto, en lo que se refiere a nuestra «religión», que Jesús jamás tenga que decir: «¡Ay de ustedes ... hipócritas!» (Mateo 23:27).

DÍA 69

Y me alegraré con ellos haciéndoles bien.

Jeremías 32:41 RVR 1960

De la pluma de Charles Spurgeon:

¡Qué alentador es para los creyentes saber que Dios se regocija en sus santos! No podemos ver ninguna razón en nuestra vida para que el Señor se alegre en nosotros. Y no podemos deleitarnos en nosotros mismos porque reconocemos y llevamos la carga de nuestra pecaminosidad, por lo que deploramos nuestra propia infidelidad hacia él. También tememos que el pueblo de Dios no se deleite en nosotros porque seguramente es capaz de discernir muchas de nuestras imperfecciones y necias acciones. Como si esto fuera poco, ellos son más capaces de lamentar nuestras debilidades que de admirar nuestros talentos y fortalezas. Debido a eso, disfrutamos de esta verdad incomparable, de este misterio glorioso, de que así como el novio se alegra por su novia, el Señor se alegra en nosotros.

En ningún lugar de las Escrituras leemos que el Señor se alegre en las montañas coronadas por las nubes ni en las estrellas centelleantes, pero sí leemos que se deleita en los lugares donde está su pueblo y en su pueblo mismo. Tampoco vemos por ninguna parte en la Palabra de Dios que los ángeles deleiten su alma, porque por ninguna parte él dice refiriéndose a los querubines y serafines: «Serás llamada Hefzi-bá, (RVR 1995) ... porque en ti se deleita el SEÑOR» (Isaías 62:4, LBLA). Sin embargo, sí lo dice de nosotros (pobres criaturas caídas, corrompidos y pervertidos por el pecado) que hemos sido salvados, exaltados y glorificados por su gracia.

¡Cuán plenamente Dios expresa su deleite en su pueblo! ¿Quién podría haber llegado a concebir que el eterno Dios prorrumpiría en cantos? Sin embargo, es lo que nos dice su Palabra: «Se deleitará en ti con gozo, te renovará con su amor, se alegrará por ti con cantos»

(Sofonías 3:17). Cuando el Señor contempló el mundo que había creado dijo que «era muy bueno» (Génesis 1:31). Pero cuando él contempla a los que fueron comprados por la sangre de Jesús, a sus escogidos, pareciera como si el gran corazón del Infinito no pudiera contenerse y estalla en divinas exclamaciones de gozo.

En vista de esto, debemos expresar nuestra respuesta agradecida a la milagrosa declaración que el Señor hace de su amor por nosotros y cantarle: «Yo me regocijaré en el SEÑOR, ¡me alegraré en Dios, mi libertador!» (Habacuc 3:18).

De la pluma de Jim Reimann:

Al hablar de regocijarse, nosotros como creyentes podemos alegrarnos en lo que el Señor ha preparado para su pueblo, porque él ha dicho:

Presten atención, que estoy por crear un cielo nuevo y una tierra nueva. No volverán a mencionarse las cosas pasadas, ni se traerán a la memoria. *Alégrense más bien, y regocíjense por siempre, por lo que estoy a punto de crear: Estoy por crear una Jerusalén feliz, un pueblo lleno de alegría. Me regocijaré por Jerusalén y me alegraré en mi pueblo*; no volverán a oírse en ella voces de llanto ni gritos de clamor ... Construirán casas y las habitarán; plantarán viñas y comerán de su fruto. Ya no construirán casas para que otros las habiten, ni plantarán viñas para que otros coman. Porque los días de mi pueblo serán como los de un árbol; mis escogidos disfrutarán de las obras de sus manos. No trabajarán en vano, ni tendrán hijos para la desgracia; tanto ellos como su descendencia serán simiente bendecida del SEÑOR. Antes que me llamen, yo les responderé; todavía estarán hablando cuando ya los habré escuchado.

ISAÍAS 65:17-19,21-24

Padre, ¡qué increíble es que tú te regocijes en mí! ¡Hoy yo me regocijaré en ti!

DÍA 70

Dios es justo y, a la vez, el que justifica
a los que tienen fe en Jesús.

Romanos 3:26

De la pluma de Charles Spurgeon:

«Ya que hemos sido justificados mediante la fe, tenemos paz con Dios» (Romanos 5:1) y hasta nuestra conciencia deja de acusarnos (ver Romanos 2:15). El juicio y la justicia operan a favor del pecador y no en su contra. Nuestros recuerdos miran hacia atrás, al pecado pasado, con profunda tristeza pero sin atisbo de castigo por venir, porque Cristo ha pagado la deuda de su pueblo sin que quede «ni una letra ni una tilde» acusatoria (Mateo 5:18). Obtuvo un recibo de cuenta saldada y a menos que Dios fuera tan injusto como para exigir doble pago por la misma deuda, ningún alma por la que Jesús murió como sustituto podrá acabar en el infierno.

Una de las primeras creencias de nuestra nueva naturaleza es que Dios es justo. Al principio, esta idea nos produce un gran temor pero, ¿no es maravilloso que esta misma creencia en la justicia de Dios luego se convierta en la columna fundamental de nuestra confianza y paz? Si Dios es justo, yo como pecador que confía en Cristo jamás seré castigado. Es más, Dios tendría que cambiar su propia naturaleza antes que una sola alma por la que Jesús murió sufriera siquiera un azote de la ley.

Por tanto, dado que Jesús ocupó el lugar del creyente —habiendo recibido el completo castigo por la ira divina de Dios y habiendo sufrido todo lo que su pueblo debió de sufrir como consecuencia de su pecado—, los creyentes pueden prorrumpir en un triunfal y glorioso: «¿Quién acusará a los que Dios ha escogido?» (Romanos 8:33). Ciertamente no será Dios, porque él ha justificado a los creyentes.

Ciertamente no será Cristo, porque él murió para pagar el precio y «se ha levantado de entre los muertos» (Mateo 28:7).

Mi esperanza está viva no porque yo no sea un pecador sino porque yo soy un pecador por quien Cristo murió. Mi confianza está viva, no porque soy santo sino porque, siendo impuro, él es quien me justifica. Mi fe no descansa en lo que soy ni en lo que seré, ni tampoco en lo que siento o conozco, sino en quién es Cristo, en lo que él ha hecho y en lo que él sigue haciendo por mí.

La doncella esperanza cabalga como una reina sobre el león de la justicia.

De la pluma de Jim Reimann:

El versículo que antecede al de la lectura de hoy es: «Dios lo ofreció [a Jesús] como un sacrificio de expiación que se recibe por la fe en su sangre» (Romanos 3:25). Algunas traducciones usan la palabra *propiciación* en vez de «sacrificio de expiación». Este término teológico significa: «el sacrificio que satisface plenamente la ira de Dios». Como Dios es santo y justo, el pecado debía ser juzgado. Por lo tanto, el versículo continúa diciendo:

> Para así demostrar su justicia. Anteriormente, en su paciencia, Dios había pasado por alto los pecados; pero en el tiempo presente ha ofrecido a Jesucristo para manifestar su justicia. De este modo Dios es justo y, a la vez, el que justifica a los que tienen fe en Jesús.
>
> ROMANOS 3:25-26

Esto demuestra que Dios debió juzgar el pecado «para manifestar su justicia» o para ser «justo» o *seguir siendo justo*. Dios «no cambia» (Santiago 1:17) y «no puede negarse a sí mismo» (2 Timoteo 2:13). Por tanto, el Señor no puede renegar de su naturaleza de ser justo.

«En esto consiste el amor ... él nos amó y envió a su Hijo para que fuera ofrecido como sacrificio por el perdón de nuestros pecados» (1 Juan 4:10).

DÍA 71

El Señor observa desde el cielo y ve a toda la humanidad.

Salmo 33:13

De la pluma de Charles Spurgeon:

Quizás no haya forma de describir con mayor gracia a nuestro Señor que cuando se muestra inclinándose desde su trono con humildad para atender las necesidades y las aflicciones de la humanidad. Amamos al que no fue capaz de destruir a las perversas ciudades de Sodoma y Gomorra hasta haberlas visitado personalmente (ver Génesis 19). No podemos más que derramar nuestro amor por él que inclina su oído desde la gloria excelsa y escucha el balbuceo de los labios de un pecador perdido cuyo corazón herido ansía reconciliarse con Dios. ¿Cómo podríamos no amarlo sabiendo que «él tiene contados ... aun los cabellos de [nuestra] cabeza» (Mateo 10:30), «la carrera que tenemos por delante» (Hebreos 12:1) está trazada y «el Señor afirma los pasos del hombre»? (Salmo 37:23.)

Al considerar cuán atento es con nosotros, otra gran verdad se hace visible, que él no se enfoca solo en las necesidades temporales de su pueblo sino también en nuestras preocupaciones espirituales. Y aunque existe una amplia distancia entre el Creador infinito y nosotros, sus finitas criaturas, hay lazos que nos unen a él. Por ejemplo, cuando derramas una lágrima no creas que él no lo sabe porque «tan compasivo es el Señor con los que le temen como lo es un padre con sus hijos» (Salmo 103:13). Hasta un suspiro tuyo es capaz de mover el corazón de Jehová, apenas un susurro de tus labios hace que él incline a ti su oído, tu oración puede detener su mano y tu fe puede mover su brazo.

Jamás pienses que Dios está entronado en las alturas sin prestarte atención. Recuerda que no importa cuán «pobre y necesitado» estés, «el Señor [te tiene] en cuenta» (Salmo 40:17). «Los ojos de Jehová contemplan toda la tierra, para mostrar su poder a favor de los que tienen corazón perfecto para con él» (2 Crónicas 16:9, RVR 1960).

> ¡Oh! Repite la verdad que jamás se agota;
> ningún Dios es como el Dios que mi alma desea;
> aquel ante cuya voz los cielos tiemblan, incluso él,
> grande como es, sabe cómo inclinarse a mí.
>
> MADAME JEANNE-MARIE GUYON, 1648-1717

De la pluma de Jim Reimann:

Nuestro Señor Jesús dejó su trono y se humilló para convertirse en un hombre. Se identificó con nosotros como hombre para que pudiéramos identificarnos con él en su gloria. Y Pablo dice que también debemos identificarnos con él en su humildad:

> La actitud de ustedes debe ser como la de Cristo Jesús, quien, siendo por naturaleza Dios, no consideró el ser igual a Dios como algo a qué aferrarse. Por el contrario, se rebajó voluntariamente, tomando la naturaleza de siervo y haciéndose semejante a los seres humanos. Y al manifestarse como hombre, se humilló a sí mismo y se hizo obediente hasta la muerte, ¡y muerte de cruz! Por eso Dios lo exaltó hasta lo sumo y le otorgó el nombre que está sobre todo nombre, para que ante el nombre de Jesús se doble toda rodilla en el cielo y en la tierra y debajo de la tierra, y toda lengua confiese que Jesucristo es el Señor, para gloria de Dios Padre.
>
> FILIPENSES 2:5-11

Dios mío, ¡gracias por nuestro humilde Salvador, el «SEÑOR DE SEÑORES»! (Apocalipsis 19:16).

DÍA 72

¿No son todos los ángeles espíritus dedicados al servicio divino,
enviados para ayudar a los que han de heredar la salvación?

Hebreos 1:14

De la pluma de Charles Spurgeon:

Los ángeles son los siervos invisibles de los santos de Dios, porque son
los que «con sus propias manos te levantarán para que no tropieces
con piedra alguna» (Salmo 91:12). La lealtad a su Señor hace que se
interesen profundamente en los hijos amados de Dios. Se regocijan por
el regreso del pródigo a la casa de su padre (ver Lucas 15:24) y además
le dan al creyente la bienvenida al hogar, al palacio del Rey allá en el
cielo (ver Lucas 15:10).

En los tiempos bíblicos los hijos de Dios gozaban de la bendición de
la apariencia visible de los ángeles. Incluso hoy, aunque no los vemos,
los cielos están abiertos y «los ángeles de Dios» suben y bajan (Génesis
28:12) para visitar «a los que han de heredar la salvación». Los serafines
todavía vuelan con «una brasa … del altar» (Isaías 6:6) para tocar
los labios de los amados de Dios. Si Dios fuera a abrir nuestros ojos
espirituales, veríamos «caballos y … carros de fuego» (2 Reyes 6:17)
rodeando a los siervos del Señor, porque estamos en «la compañía de
muchos millares de ángeles» (Hebreos 12:22, RVR 1960) enviados para
proteger a su simiente real. Por lo tanto, estas palabras del himno de
Spencer no son ficción poética:

> ¡Con qué frecuencia partirán con sus plumas doradas
> los cielos etéreos, cual asistentes alados
> contra los horrendos demonios para auxiliarnos!

EDMUND SPENCER, 1552?-1599

¡Qué asombroso nivel de dignidad disfrutan los escogidos de Dios cuando consideramos que los radiantes asistentes del cielo se han convertido en nuestros solícitos sirvientes! A qué nivel de comunión hemos sido elevados cuando nos damos cuenta de que habitamos con seres celestiales sin mancha. Qué bien defendidos estamos al saber que «los carros de guerra de Dios se cuentan por millares» (Salmo 68:17) y que han sido armados para nuestra liberación. ¿A quién le debemos tan grande bendición?

Que el Señor Jesucristo siempre reciba todo nuestro reconocimiento porque es por medio de él que Dios «nos hizo sentar … en las regiones celestiales» (Efesios 2:6) «muy por encima de todo gobierno y autoridad, poder y dominio» (Efesios 1:21). Es él cuyo «ángel … acampa en torno a los que le temen» (Salmo 34:7). Es el verdadero «Miguel … [que combatió] al dragón» (Apocalipsis 12:7).

¡Salve, Jesús, presencia de Jehová!
A ti te ofrezco mis votos diarios.

De la pluma de Jim Reimann:

¡Qué bendición es saber que Dios creó a sus ángeles para que fueran «espíritus dedicados al servicio divino», y que están aquí para servir a los hijos de Dios! Su ministerio continúa más allá de esta vida, ya que se nos dijo del pobre hombre que murió: «Y los ángeles se lo llevaron para que estuviera al lado de Abraham» (Lucas 16:22). Y por Joel sabemos de la vastedad de las huestes angelicales de Dios: «Truena la voz del Señor al frente de su ejército; son innumerables sus tropas y poderosos los que ejecutan su palabra» (Joel 2:11).

Amado creyente, en esta mañana recibe el consuelo de estas verdades. Que el ministerio del Señor para nosotros por medio de sus ángeles nos inspire para servirlo con mayor confianza.

DÍA 73

Lleva la barca hacia aguas más profundas,
y echen allí las redes para pescar.

Lucas 5:4

De la pluma de Charles Spurgeon:

De este pasaje podemos aprender la importancia de la participación humana. Por cierto, la pesca fue milagrosa, pero ni el pescador, ni la barca ni los implementos de pescar quedaron en el olvido, todos se usaron para pescar a los peces. Y mientras el sistema de la gracia de Dios permanece, el Señor emplea métodos particulares, tales como la predicación, para salvar a las almas. «Dios, en su sabio designio, dispuso que el mundo no lo conociera mediante la sabiduría humana, tuvo a bien salvar, mediante la locura de la predicación, a los que creen» (1 Corintios 1:21). Cuando Dios obra sin usarnos como vasijas, él se glorifica, pero él mismo es quien ha escogido el plan de usar instrumentos de su gracia como el medio por el cual se glorifica mayormente en la tierra. Sin embargo, los instrumentos dejados a su suerte acabarán inevitablemente en el fracaso.

Simón Pedro le dijo al Señor: «Maestro, hemos estado trabajando duro toda la noche y no hemos pescado nada» (Lucas 5:5). ¿Por qué motivo lo dijo? ¿No eran pescadores experimentados que desarrollaban su actividad habitual? No hay duda alguna de que no eran nuevos en la profesión y conocían a fondo su trabajo, así que, ¿lo estaban haciendo sin habilidad? No, estaban bien entrenados. Entonces, ¿les faltaba diligencia y perseverancia? No, habían trabajado mucho toda la noche. ¿Había ausencia de peces en el mar? Claro que no, porque apenas llegó el Maestro, cientos de peces se arrojaron a las redes. Entonces, ¿cuál fue la razón?

Es porque en los medios por sí solos no hay poder aparte de la presencia de Jesús quien dijo: «Separados de mí no pueden ustedes hacer nada» (Juan 15:5). Pero «todo lo puedo en Cristo que me fortalece» (Filipenses 4:13). La sola presencia de Cristo asegura el éxito. Se sentó en la barca de Pedro y por el misterioso poder de su voluntad atrajo los peces a la red. Y cuando Jesús se alza en medio de su iglesia, su misma presencia es el poder de la iglesia, porque la promesa de un Rey está en medio de la iglesia: «Pero yo, cuando sea levantado de la tierra, atraeré a todos a mí mismo» (Juan 12:32).

Que en esta mañana abandonemos nuestro hogar rumbo al trabajo para realizar nuestra tarea de pescar almas, con la mirada puesta arriba y también atentos a lo que nos rodea con gran expectativa. Que trabajemos hasta que venga la noche y que nuestra labor no sea en vano porque Aquel que nos ofrece echar las redes será quien las llene de peces.

De la pluma de Jim Reimann:

Creo que a ningún niño le agrada recibir como respuesta de uno de sus padres: «Porque yo lo digo». Sin embargo, debido a la falta de experiencia, de madurez y de habilidad para comprender determinadas cosas, a veces esas palabras tan «detestadas» son la respuesta correcta.

Muchas veces Simón Pedro cometió errores debido a su impulsividad, no obstante, en esta historia hizo lo que Jesús le dijo. Su respuesta inicial fue: «Maestro, hemos estado trabajando duro toda la noche y no hemos pescado nada». Sin embargo, fíjate en lo que salió a continuación de sus labios: «Pero como tú me lo mandas, echaré las redes» (Lucas 5:5). En la Biblia, así como en la vida, el éxito a los ojos de Dios solo sigue a la obediencia.

Recuerda lo que María les dijo a los sirvientes en la boda de Caná, justo antes de que Jesús convirtiera el agua en vino: «Hagan lo que él les ordene» (Juan 2:5).

¡Qué gran consejo! «Hagan lo que [Jesús] les ordene». ¿Por qué? Porque él lo dijo. Y esa es razón suficiente.

Señor, ayúdame a obedecer todo lo que me digas... simplemente ¡porque tú lo dices!

DÍA 74

¡Al único Dios, nuestro Salvador, que puede ... establecerlos
sin tacha y con gran alegría ante su gloriosa presencia!

Judas 24

De la pluma de Charles Spurgeon:

Permite que estas increíbles palabras: «sin tacha» den vueltas en tu mente. En la actualidad estamos lejos de ser sin tacha, pero como nuestro Señor no hace nada que no sea perfecto en sus obras de amor, un día nosotros también alcanzaremos la perfección. El Salvador que cuidará de su pueblo hasta el fin también se presentará a la iglesia «a sí mismo como una iglesia radiante, sin mancha ni arruga ni ninguna otra imperfección, sino santa e intachable» (Efesios 5:27).

Todas las joyas de la corona del Salvador son de la más alta calidad, con la mayor transparencia y sin una sola mancha. Todas las damas de honor que nos asisten, como esposa del Cordero, también son vírgenes puras «sin mancha ... ni ninguna otra imperfección». ¿Pero cómo nos hará Jesús sin tacha? Él, con su propia sangre, nos limpiará de todo pecado hasta que seamos tan puros y justos como el más santo ángel de Dios, y luego nos vestirá con su justicia, convirtiéndonos en santos sin ninguna falta y absolutamente perfectos a sus ojos.

Seremos irreprochables a la vista de Dios. Su ley no solo será capaz de no presentar cargos en nuestra contra sino que se glorificará en nosotros. Es más, la obra del Espíritu Santo en nosotros será absolutamente completa, porque él nos hará tan perfectos y santos que ya no tendremos esa persistente tendencia al pecado. Nuestro juicio, memoria y voluntad (incluso toda pasión y poder en nosotros) se liberarán de la cautividad del mal. Seremos santos así como Dios es santo y habitaremos por siempre en su presencia. Y sus santos no estarán fuera de lugar en el cielo, porque su belleza será tan grande como el lugar preparado para ellos.

¡Oh, el supremo gozo de aquel momento en el que las puertas eternas se abran y nosotros, listos para entrar en nuestra heredad, habitemos con los santos en eterna luz! El pecado habrá desaparecido, habrán echado a Satanás, la tentación será solo un recuerdo y nosotros nos presentaremos sin tacha ante Dios, ¡esto será realmente celestial!

Que ahora podamos experimentar ese gozo mientras ensayamos la canción de alabanza eterna que pronto partirá del coro de los habitantes del cielo lavados con la preciosa sangre. Que podamos imitar la alegría de David ante el arca del pacto como preludio de nuestro glorioso gozo ante el trono de Dios (ver 2 Samuel 6:14-15).

De la pluma de Jim Reimann:

Así es, algún día los creyentes serán presentados «sin tacha ... ante [la] gloriosa presencia» de Dios. Aquí hay una descripción de nuestro futuro según Juan:

> Después de esto miré, y apareció una multitud tomada de todas las naciones, tribus, pueblos y lenguas; era tan grande que nadie podía contarla. Estaban de pie delante del trono y del Cordero, vestidos de túnicas blancas y con ramas de palma en la mano. Gritaban a gran voz: «¡La salvación viene de nuestro Dios, que está sentado en el trono, y del Cordero!»
>
> APOCALIPSIS 7:9-10

Nuestras «túnicas blancas» serán el traje de novia de la justicia de Cristo quien es «nuestra ... justificación» (1 Corintios 1:30). En aquel día, «Jerusalén morará segura. Y será llamada así: "El SEÑOR es nuestra justicia"» (Jeremías 33:16). «Vi además la ciudad santa, la nueva Jerusalén, que bajaba del cielo, procedente de Dios, preparada como una novia hermosamente vestida para su prometido» (Apocalipsis 21:2).

DÍA 75

Todo lo considero pérdida por razón del incomparable
valor de conocer a Cristo Jesús, mi Señor.

Filipenses 3:8

De la pluma de Charles Spurgeon:

El conocimiento espiritual de Cristo es un conocimiento personal.
No puedo conocer a Jesús por medio de la relación que otra persona
tenga con él. No, debo conocerlo por mí mismo, por mi propia cuenta.

Es también un conocimiento inteligente. Debo conocerlo a él y no
a la visión que tengo de él, sino tal y como la Palabra lo revela. Debo
conocerlo en sus dos naturalezas: divina y humana. Debo conocerlo
en su posición de autoridad, sus atributos, sus obras, su humillación
y su gloria. Debo meditar en él hasta que «puedan comprender, junto
con todos los santos, cuán ancho y largo, alto y profundo es el amor
de Cristo; en fin, que conozcan ese amor que sobrepasa nuestro conocimiento, para que sean llenos de la plenitud de Dios» (Efesios 3:18-19).

Nuestro conocimiento de él será un conocimiento *afectuoso*, porque si lo conozco plenamente, lo amo. Y una pizca de conocimiento del
corazón bien vale una tonelada de conocimiento mental.

Será un conocimiento que satisface. Cuando conozca al Salvador,
mi mente rebosará y sentiré que tengo lo que mi espíritu siempre ansió
conocer. Él es «el pan de vida» y el que coma de ese pan «nunca pasará
hambre» (Juan 6:35).

El conocimiento espiritual de Cristo es un conocimiento emocio-
nante, porque cuanto más conozco a mi Amado, más anhelo conocerlo. El conocimiento que obtengo al ascender a las cimas será una
invitación a seguir adelante. Mientras más aprendo de él, más deseo
aprender. Cual avaro con su tesoro, mi oro espiritual me hará anhelar
más y más.

En conclusión, este conocimiento de Jesucristo será el conocimiento más *bendito* que yo pueda imaginar. Es más, será tan inspirador que con frecuencia me llevará por encima de todas las pruebas, las dudas y las tristezas. Y mientras disfruto del conocimiento, este obrará en mí para hacerme más que un «hombre nacido de mujer, corto de días, y hastiado de sinsabores» (Job 14:1, RVR 1960), porque me vestirá en la inmortalidad del Salvador que vive por siempre y que me rodea en su gozo eterno.

Ven, alma mía, siéntate a los pies de Jesús y aprende acerca de él a través del día.

De la pluma de Jim Reimann:

¿Cuál es la meta de tu vida? Pablo estaba bien enfocado en cuanto a este interrogante porque dijo: «Quiero conocerlo a él [a Cristo]» (Filipenses 3:10, RVR 1995). Por supuesto, él era creyente y tenía una relación con Cristo pero deseaba más. Del mismo modo, oró por los creyentes de Éfeso diciendo: «Pido que el Dios de nuestro Señor Jesucristo, el Padre glorioso, les dé el Espíritu de sabiduría y de revelación, *para que lo conozcan mejor*» (Efesios 1:17).

Que en esta mañana podamos aplicar estas palabras de Pablo a nuestro corazón:

He renunciado a todo lo demás porque estoy convencido de que es la única manera de conocer de veras a Cristo, de sentir el gran poder que lo resucitó y de palpar el significado de sufrir y morir con él.

FILIPENSES 3:10 (LBD)

¿Quién podrá soportar el día de su venida?

Malaquías 3:2

De la pluma de Charles Spurgeon:

La primera venida de Cristo fue sin pompa externa ni manifestaciones de poder, sin embargo, en realidad muy pocos pudieron resistir su prueba. Herodes y todos en Jerusalén fueron conmovidos ante la noticia del milagroso nacimiento e incluso los que profesaban aguardar su llegada no hicieron más que evidenciar la falacia de su convicción superficial al rechazarlo cuando se hizo presente. Su vida en la tierra fue el instrumento que cernió el gran montón de profesión religiosa y muy pocos resistieron el proceso.

Pero, ¿qué deparará su segunda venida? ¿Qué pecador podría siquiera detenerse a pensarlo? «Destruirá la tierra con la vara de su boca; matará al malvado con el aliento de sus labios» (Isaías 11:4). Piensa en los soldados que humillaron a Cristo al arrestarlo. «Cuando Jesús les dijo: "Yo soy", dieron un paso atrás y se desplomaron» (Juan 18:6). Imagina el terror de sus enemigos en su segunda venida cuando él se revele por completo como «Yo soy» (Éxodo 3:14).

La muerte de Jesús sacudió la tierra y oscureció el cielo, así que, imagina el terrible esplendor de aquel día cuando, como el Salvador viviente, él llame a «vivos y muertos» (Hechos 10:42) para que se presenten ante él y sean juzgados. ¡Que el terror venidero del Señor persuada a las personas a arrepentirse de sus pecados y sigan el consejo: «Bésenle los pies, no sea que se enoje» (Salmo 2:12).

Si bien Jesús es el Cordero, es también «el León de la tribu de Judá» (Apocalipsis 5:5) capaz de desgarrar su presa. Y aunque «no acabará de romper la caña quebrada» (Isaías 42:3), destruirá a sus enemigos «con puño de hierro; [los hará] pedazos como a vasijas de barro» (Salmo

2:9). Ninguno de sus enemigos resistirá la tormenta de su ira ni se esconderá de la inagotable granizada de su indignación.

Sin embargo, el pueblo amado por Cristo, lavado por su sangre, ansía presenciar su venida con gozo y esperanza, sin experimentar ningún temor. Para ellos él ya se ha sentado «como fundidor» (Malaquías 3:3), pero «si [los] pusiera a prueba, [saldrían puros] como el oro» (Job 23:10).

Que en esta mañana podamos examinarnos para «hacer firme [nuestra] vocación y elección» (2 Pedro 1:10, RVR 1960) de manera que la venida del Señor no nos produzca ningún tipo de aprensión en nuestra mente. Que por la gracia de Dios podamos desechar toda hipocresía y ser hallados sinceros y sin reproche el día de «su manifestación» (2 Timoteo 4:1, RVR 1960).

De la pluma de Jim Reimann:

Con toda seguridad los creyentes pueden aguardar la segunda venida de Cristo sin ningún temor, que es por lo cual Spurgeon nos alienta con las palabras de Pedro de «hacer firme [nuestra] vocación y elección». Nada será más devastador en «el día del Señor» (1 Tesalonicenses 5:2) que escucharle decir: «Jamás los conocí. Aléjense de mí» (Mateo 7:23). Pablo también nos alienta a poner a prueba nuestra salvación con estas palabras: «Examínense para ver si están en la fe; pruébense a sí mismos» (2 Corintios 13:5). Una vez hecho esto, podremos declarar con gozo:

«Por lo demás me espera la corona de justicia que el Señor, el juez justo, me otorgará en aquel día; y no sólo a mí, sino también a todos los que con amor hayan esperado su venida» (2 Timoteo 4:8).

Día 77

Jesús les preguntó a los doce:
—¿También ustedes quieren marcharse?

Juan 6:66-67

De la pluma de Charles Spurgeon:

Muchas personas han abandonado a Cristo y ya no caminan con él; pero, ¿qué motivo tendrías tú para hacer un cambio en tal sentido? ¿Hubo alguna razón en el pasado? ¿No ha probado Jesús ser tu Señor que suple todas tus necesidades? Se hace presente esta mañana y te pregunta: «¿Acaso he sido para [ti] un desierto?» (Jeremías 2:31). Cuando tu alma ha depositado su sencilla confianza en Jesús, ¿te ha decepcionado? Hasta este momento, ¿no has probado que el Señor es tu amigo compasivo y generoso, y tu sencilla fe en él no te ha dado la paz que tu espíritu podría desear? ¿Podrías siquiera soñar con un mejor amigo que él? Entonces, ¿por qué habrías de abandonar al amigo antiguo, fiel y verdadero, por uno nuevo y falso?

¿Puede algo en la actualidad impulsarte a abandonar a Cristo? Cuando nos vemos agobiados por los problemas del mundo o por las difíciles pruebas dentro de la misma iglesia, una de las más grandes bendiciones es contar con el tierno abrazo de nuestro Salvador que apoya nuestra cabeza en su hombro. Este es el gozo que tenemos hoy, que somos salvos en él, y como este gozo es tan satisfactorio, ¿por qué habríamos de pensar siquiera en cambiarlo?

¿Quién sería tan necio como para cambiar el oro puro por basura? Jamás renunciaríamos ni no desprenderíamos del sol hasta no haber hallado una luz mejor; ni tampoco abandonaríamos a nuestro Señor con la esperanza de que aparezca uno mejor. Y como esto jamás pasará, nos aferraremos a él con todas nuestras fuerzas y pondremos su nombre «como una marca sobre [nuestro] brazo» (Cantares 8:6).

Y en cuanto al futuro, ¿puedes pensar en algo que podría surgir y que te hiciera amotinarte o desertar a tu antigua bandera para servir a otro capitán? ¡Seguro que no! Si nuestra vida es larga o corta, Jesús nunca cambia. Si somos pobres, ¿qué mejor que tener a Cristo quien puede enriquecernos? Cuando estamos enfermos, ¿qué más podremos desear que tener a Jesús atendiéndonos junto a nuestro lecho? Aunque enfrentemos la muerte, ¿no está escrito acaso que «ni la muerte ni la vida ... ni lo presente ni lo por venir ... podrá apartarnos del amor que Dios nos ha manifestado en Cristo Jesús nuestro Señor»? (Romanos 8:38-39).

Por lo tanto, podemos con seguridad responder como lo hizo Pedro: «Señor ... ¿a quién iremos?» (Juan 6:68).

De la pluma de Jim Reimann:

Pedro, que algunas veces era atolondrado y audaz al expresarse, en esta ocasión particular respondió a la pregunta del Señor con una de las respuestas más gloriosas de las Escrituras: «Señor ... ¿a quién iremos? Tú tienes palabras de vida eterna» (Juan 6:68). Es como si Pedro hubiera dicho: «Solo tú eres la fuente de la vida eterna».

Analicemos cuál habría sido nuestra respuesta a la pregunta que formuló Pedro, en el caso de que decidiéramos apartarnos del Señor. «¿A quién iremos?» Que hoy y siempre podamos apropiarnos de las palabras de este salmo:

Si se enojan, no pequen; en la quietud del descanso nocturno examínense el corazón. Ofrezcan sacrificios de justicia y confíen en el SEÑOR. Muchos son los que dicen: «¿Quién puede mostrarnos algún bien?» ¡Haz, SEÑOR, que sobre nosotros brille la luz de tu rostro! Tú has hecho que mi corazón rebose de alegría, alegría mayor que la que tienen los que disfrutan de trigo y vino en abundancia. En paz me acuesto y me duermo, porque sólo tú, SEÑOR, me haces vivir confiado.

SALMO 4:4-8

DÍA 78

Ustedes esperan mucho, pero cosechan poco; lo que almacenan en su casa, yo lo disipo de un soplo. ¿Por qué? ¡Porque mi casa está en ruinas, mientras ustedes sólo se ocupan de la suya!

Hageo 1:9

De la pluma de Charles Spurgeon:

Las personas no caritativas escatiman sus donaciones a los ministerios de la iglesia y a las organizaciones misioneras, y luego consideran que esos ahorros es economizar. No se dan cuenta de que de esa manera solo consiguen empobrecerse. Su excusa es que deben ocuparse de su familia, mientras que olvidan que negar aportes a la casa de Dios es la manera más segura de traer la ruina sobre su propia casa. Los soberanos caminos de nuestro Dios pueden hacer que nuestros esfuerzos tengan un éxito que supere nuestras expectativas o pueden derrumbar nuestros planes y producirnos desánimo y confusión. Con un simple toque de su mano Dios puede timonear nuestro barco por una vía provechosa o lo puede naufragar en la pobreza y en la bancarrota. Las Escrituras enseñan que el Señor enriquece al generoso pero hace que el avaro descubra que retener su dinero solo lo conducirá a la pobreza.

Luego de efectuar una amplia observación, he descubierto que los cristianos más generosos que he conocido han sido siempre los más felices e, invariablemente, los más prósperos. He visto cómo los que dan con generosidad aumentan sus riquezas a límites insospechados, así como también he visto a los miserables avaros descender a la pobreza por causa de su misma tacañería, aunque pensaron que esta los haría prosperar. Igual que las personas confían sumas de dinero cada vez más grandes a los buenos administradores, así también sucede con el Señor. Él les da vagones de plata a los que dan, y aunque él no asegura grandes riquezas, hace que lo poco se multiplique. Incluso, le da contentamiento al corazón santificado, que lo experimentará en la misma proporción en que se ha dedicado el diezmo al Señor.

El egoísmo primero mirará su propia casa, pero la piedad buscará «primeramente el reino de Dios y su justicia» (Mateo 6:33). A la larga, el egoísmo es para pérdida, mientras que la piedad es gran ganancia. Hace falta fe para actuar con desprendimiento ante nuestro Dios, pero sin dudas él nos recompensará con generosidad. Por más que demos, seguirá siendo un pobre reconocimiento de nuestra asombrosa deuda por su bondad.

De la pluma de Jim Reimann:

Hoy Spurgeon menciona que algunos cristianos le echan la culpa a su falta de cumplimiento con las ofrendas a que deben ocuparse de su familia. Sin embargo, Jesús encontró que el problema era exactamente lo opuesto. Los líderes judíos de la época de Jesús se negaban a cuidar de sus familias, según lo que Dios ordenó, diciendo que todo su dinero era «corbán (es decir, ofrenda dedicada a Dios)» (Marcos 7:11). Jesús les dijo: «Por la tradición que se transmiten entre ustedes, anulan la palabra de Dios» (Marcos 7:13). Es muy probable que los judíos que tergiversaban la Palabra de Dios para justificar su falta hacia sus padres por no honrarlos con sus riquezas, tampoco usaran sus ahorros para honrar al Señor.

Lo cierto es que se nos ordena que demos para el ministerio del Señor al mismo tiempo que honramos y nos ocupamos de nuestras familias. En ambos aspectos, una actitud de tacañería es algo que el Señor no puede bendecir ni lo hará. Se ha dicho que es imposible ser más dadivoso que Dios, ¡pero cuán benditos seremos si lo intentamos!

Más bien, busquen primeramente el reino de Dios y su justicia, y todas estas cosas les serán añadidas.

MATEO 6:33

DÍA 79

Este mensaje es digno de crédito.

2 Timoteo 2:11

De la pluma de Charles Spurgeon:

Pablo pronunció cuatro de estos mensajes dignos de crédito. El primero es 1 Timoteo 1:15: «Este mensaje es digno de crédito y merece ser aceptado por todos: que Cristo Jesús vino al mundo a salvar a los pecadores, de los cuales yo soy el primero». El segundo es 1 Timoteo 4:8-9: «La piedad es útil para todo, ya que incluye una promesa no sólo para la vida presente sino también para la venidera. Este mensaje es digno de crédito y merece ser aceptado por todos». El tercero está en 2 Timoteo 2:11-12: «Este mensaje es digno de crédito: Si morimos con él, también viviremos con él; si resistimos, también reinaremos con él. Si lo negamos, también él nos negará». Y el cuarto está en Tito 3:8: «Este mensaje es digno de confianza ... que los que han creído en Dios se empeñen en hacer buenas obras».

Se puede establecer una relación entre estos cuatro pasajes. El primer «mensaje ... digno de crédito» sienta las bases de nuestra eterna salvación a través de la gracia gratuita de Dios según se reveló a nosotros por la misión del gran Redentor. El segundo pasaje afirma la doble bendición que obtenemos por medio de esta salvación: la bendición de las primaveras terrenales y celestiales, de tiempo y eternidad. La tercera muestra una de las tareas a las que son llamados los escogidos: Dios ordena que debemos sufrir por Cristo con la promesa de que «si resistimos, también reinaremos con él». El cuarto y último pasaje encierra una advertencia para el servicio cristiano, instándonos a la diligencia de mantener las buenas obras.

Por tanto, tenemos la raíz de la salvación en la gracia que es gratuita; luego, los privilegios de tal salvación en nuestra vida presente y en la venidera; y contamos con las dos enseñanzas más grandes en cuanto a nuestro sufrimiento con Cristo y nuestro servicio a él, ambas llenas de las bendiciones del Espíritu. Que podamos atesorar estos mensajes dignos de crédito para que puedan sernos de guía en nuestra vida, así como nuestro consuelo y nuestra instrucción. Pablo, el apóstol a los gentiles, probó su veracidad que sigue siendo confiable en nuestros días. Ni una sola palabra de la voluntad de Dios se desechará. Vale la pena que se acepten, así que ahora mismo aceptémoslas plenamente y pongamos a prueba su confiabilidad.

Que estos cuatro mensajes dignos de crédito puedan estar escritos en las cuatro esquinas de mi casa.

De la pluma de Jim Reimann:

Al considerar la cantidad de profecías bíblicas ya cumplidas, no debiéramos necesitar un recordatorio de que podemos confiar en la Palabra de Dios. Sin embargo, la humanidad es olvidadiza, aunque no debiera, porque el Señor nos dice: «¿Quién eres tú, que ... has olvidado al SEÑOR, que te hizo?» (Isaías 51:12-13).

No obstante, considerando nuestra falta de memoria, que estos pasajes sirvan como recordatorio de la confiabilidad de la Palabra de Dios:

«Ahora pues, oh SEÑOR DIOS, tú eres Dios, tus palabras son verdad» (2 Samuel 7:28, LBLA). «La ley del SEÑOR es perfecta: infunde nuevo aliento. El mandato del SEÑOR es digno de confianza: da sabiduría al sencillo» (Salmo 19:7). «SEÑOR ... Justos son los estatutos que has ordenado, y muy dignos de confianza» (Salmo 119:137-138).

Y al mirar las promesas de Dios que restan cumplirse, recordemos las palabras del ángel a Juan: «Estas palabras son verdaderas y dignas de confianza. El Señor, el Dios que inspira a los profetas, ha enviado a su ángel para mostrar a sus siervos lo que tiene que suceder sin demora» (Apocalipsis 22:6).

DÍA 80

A la iglesia que se reúne en tu casa.

Filemón 2

De la pluma de Charles Spurgeon:

Dado que los creyentes conforman la iglesia, ¿hay una «iglesia» en tu casa? De ser así, ¿todo el que habita en tu casa es un miembro de esa iglesia, incluidos los padres, los hijos, los amigos y las personas que trabajan allí, en caso de que tuvieras ese tipo de ayuda? ¿O hay todavía algunos que no se han convertido? Reflexiona unos momentos en esta interrogante y luego pregúntate: «¿Soy un miembro de la iglesia en mi propia casa?» ¡Cómo saltaría de gozo el corazón de un padre cristiano y cómo se humedecerían de lágrimas sagradas los ojos de la madre cristiana si todos, desde el más joven al más viejo de la familia, fueran salvos! No dejemos de orar por esta bendición hasta que el Señor nos la conceda.

Es posible que uno de los mayores deseos de Filemón era que todos en su casa fueran salvos, pero al principio no se lo concedieron por completo. Tenía un sirviente malvado llamado Onésimo que lo engañó y escapó del servicio de su amo. Sin embargo, Filemón oraba por él y al final, según la voluntad de Dios, Onésimo fue guiado a escuchar la predicación de Pablo. El Señor tocó su corazón y regresó junto a Filemón, no solo para ser un fiel siervo sino también un amado hermano y el nuevo miembro de la iglesia de la casa de Filemón.

¿Hay en esta mañana alguno de tus hijos inconversos que está lejos del hogar? Entonces, intercede por él en oración para que regrese a casa con la gozosa y buena noticia de lo que la gracia de Dios ha hecho. Y si hay un hijo creyente en tu casa, aliéntalo para que se una a ti en la intercesión.

Si hay una iglesia que se reúne en tu casa, tienes una mayor responsabilidad, la de mantener tu casa espiritualmente en orden, y cada miembro de la casa debe recordar que todas sus acciones están a la vista de Dios. Que hasta las cosas más comunes de la vida se hagan con un cierto sentido de santidad, diligencia, amabilidad e integridad. Se espera más de una iglesia que de una casa típica. Por lo tanto, la adoración de la familia debe ser más entusiasta y devota, el amor dentro del hogar debe ser más cálido e inquebrantable y las acciones fuera de esa casa deben ser más santificadas y a la imagen de Cristo.

Las pequeñas iglesias hogareñas jamás deben amedrentarse por considerar que no son importantes porque el Espíritu Santo nos ha dado este magnífico recordatorio en su libro de los recuerdos de la familia de la iglesia que se reunía en la casa de Filemón. Ya sea nuestra iglesia grande o pequeña, que podamos acercarnos a la gran cabeza de la iglesia universal de Dios para pedirle que nos dé gracia para brillar ante otros para la gloria de su nombre.

De la pluma de Jim Reimann:

La historia de Onésimo es una bella historia. Leamos lo que Pablo escribe sobre él:

Te suplico por mi hijo Onésimo, quien llegó a ser hijo mío mientras yo estaba preso. En otro tiempo te era inútil, pero ahora nos es útil tanto a ti como a mí. Te lo envío de vuelta, y con él va mi propio corazón. Yo hubiera querido retenerlo para que me sirviera en tu lugar mientras estoy preso por causa del evangelio. Sin embargo, no he querido hacer nada sin tu consentimiento, para que tu favor no sea por obligación sino espontáneo. Tal vez por eso Onésimo se alejó de ti por algún tiempo, para que ahora lo recibas para siempre, ya no como a esclavo, sino como algo mejor: como a un hermano querido, muy especial para mí, pero mucho más para ti, como persona y como hermano en el Señor.

FILEMÓN 10-16

DÍA 81

Está orando.

Hechos 9:11

De la pluma de Charles Spurgeon:

En el cielo se reciben las oraciones al instante. En el momento en que Saulo (pronto a convertirse en Pablo) comenzó a orar, el Señor lo escuchó. Esto debe servir de consuelo para el alma que ora, aun en medio de su dolor. Un alma pobre y quebrantada con frecuencia inclina sus rodillas en oración pero solo puede expresar su desconsuelo a través de lágrimas y suspiros. Sin embargo, ese lamento hizo que todas las arpas del cielo comenzaran a tocar una canción y Dios reunió todas esas lágrimas que caían y las atesoró en la botella celestial para las lágrimas. «Pon mis lágrimas en tu redoma» (Salmo 56:8, RVR 1960) indica que las lágrimas se recogen apenas caen. El Altísimo comprenderá bien al peticionario cuyos temores hacen que sus palabras no puedan brotar. Quizás solo atine a elevar sus ojos humedecidos al cielo, pero «la oración es una lágrima que cae» (Joseph Parker, 1830-1902). Las lágrimas son los diamantes del cielo, los suspiros son parte de la música de la corte real de Jehová y ambos se cuentan con «los tonos más sublimes que alcanzan a su Majestad en lo alto» (James Montgomery, 1771-1854).

Jamás pienses que tus oraciones, aunque débiles y vacilantes, no se toman en cuenta. La escalinata de Jacob será alta, pero nuestras oraciones descansan en el Ángel del pacto por lo que ascienden a las alturas de las huestes estrelladas (ver Génesis 28:12). Nuestro Dios no solo escucha nuestras oraciones sino que además le encanta escucharlas. «No pasa por alto el clamor de los afligidos» (Salmo 9:12). Sí, es cierto que él hace caso omiso de actitudes orgullosas y palabras altivas, él no se asombra por la pompa y el esplendor de los reyes, no presta atención al estruendo de la música de guerra ni tampoco se deja impresionar por el triunfo y el orgullo de la humanidad.

Sin embargo, dondequiera que haya un corazón cargado de tristeza o unos labios temblando en agonía, o profundos gemidos o suspiros de arrepentimiento, ahí mismo está abierto el corazón de Jehová. Él registra a cada uno en su memoria, colocando nuestras oraciones como si fueran pétalos de rosa entre las páginas de su libro de los recuerdos. Y cuando finalmente se abra ese libro, brotará de él una preciosa fragancia.

La fe no necesita una señal del cielo
para mostrar que las oraciones aceptadas se elevan.
Nuestro Sacerdote está en su lugar santo
y responde desde el trono de la gracia.

JOSIAH CONDER, 1789-1859

De la pluma de Jim Reimann:

Hoy Spurgeon cita a Joseph Parker, uno de sus contemporáneos, también pastor en Londres. Esta es la bella cita con su contexto:

La oración es una mirada que se eleva, una lágrima que cae, un brazo que se extiende como si pudiera alcanzar una bendición de lo alto. No necesitas largas oraciones, expresiones intrincadas e innumerables; apenas una mirada y la batalla casi está ganada. Según sea «tu fe; hágase contigo como quieres» (Mateo 15:28, RVR 1960). Puedes orar ahora, en medio de la calle atestada o rodeado de muchas personas. Siempre puedes dirigir una palabra a Dios, un susurro al cielo. «Oren sin cesar» (1 Tesalonicenses 5:17). Vive en el espíritu de la oración, deja que tu vida sea un gran deseo expresado ante Dios, dirigido al cielo. Entonces usa pocas palabras o tantas como quieras, tu corazón será en sí una oración y tu mirada, una santa expectativa.

The People's Bible: Discourses upon Holy Scripture

DÍA 82

He aquí que en las palmas de las manos te tengo
esculpida; delante de mí están siempre tus muros.

Isaías 49:16, RVR 1995

De la pluma de Charles Spurgeon:

Parte de la maravilla del versículo de hoy tiene que ver con el énfasis
del «he aquí» que es la respuesta del Señor al lamento de incredulidad
de Sión: «El SEÑOR me ha abandonado; el Señor se ha olvidado de mí»
(Isaías 49:14). Dios parece estar admirado ante esta maligna falta de
credibilidad. Es más, ¡qué podría ser más asombroso que el pueblo
favorecido del Señor expresando dudas y temores infundados! Sus
palabras amorosas de reprensión debieran hacernos ruborizar, porque es como si él clamara: «¿Cómo podría haberte olvidado si "en las
palmas de las manos te tengo esculpida"? ¡Cómo te atreves a dudar de
mi constante recuerdo de ti cuando el recordatorio está grabado en
mi propia carne!»

¡Oh, incredulidad, qué extraño fenómeno eres! ¿Qué nos resulta
más increíble, la fidelidad de Dios o la incredulidad de su pueblo?
Él cumple mil veces su promesa para nosotros y, sin embargo, a la
siguiente prueba volvemos a dudar de él. El Señor nunca falla, porque
él no es un pozo seco, un sol del ocaso, un meteoro que pasa ni un vapor
que se esfuma. No obstante, a pesar de esto, la ansiedad nos atribula
continuamente, las sospechas nos obsesionan y los temores nos perturban como si nuestro Dios fuera un mero espejismo en el desierto.

«He aquí», en este contexto, es una palabra que intenta provocar admiración. En este caso en especial tenemos una razón para asombrar-
nos y maravillarnos. Efectivamente, el cielo y la tierra debieran estar
admirados de que un pueblo tan rebelde esté tan cercano al corazón del
Amor infinito que estén escritos en las palmas de sus manos. Fíjate que

el Señor dice: «*Te tengo* esculpida» y no «tengo esculpido *tu nombre*». Así es, tu nombre está ahí, pero eso no es todo. «Te tengo esculpida». ¡Presta atención a todo lo que esto implica! «Te tengo esculpida a ti, a tu persona, tu imagen, tu situación, tus circunstancias, tus pecados, tus tentaciones, tus debilidades, tus deseos, tus obras; te tengo esculpida *a ti*, todo sobre ti y todo lo concerniente a ti en las palmas de mis manos».

A la luz de esto, ¿volverías a afirmar que tu Dios te ha abandonado cuando en realidad te ha esculpido en las palmas de sus manos?

De la pluma de Jim Reimann:

El Señor ama tanto a sus hijos que no solo se ha marcado la carne con nosotros sino que también *nos ha marcado* con su nombre. En el Antiguo Testamento, Isaías dice: «Recibirás un nombre nuevo, que el Señor mismo te dará» (Isaías 62:2). Luego, en el Nuevo Testamento se nos dice:

> Al que salga vencedor lo haré columna del templo de mi Dios, y ya no saldrá jamás de allí. Sobre él grabaré el nombre de mi Dios y el nombre de la nueva Jerusalén, ciudad de mi Dios, la que baja del cielo de parte de mi Dios; y también grabaré sobre él mi nombre nuevo.
>
> APOCALIPSIS 3:12

Tal como lo expresó Pablo, nuestro Padre celestial también «nos selló como propiedad suya y puso su Espíritu en nuestro corazón, como garantía de sus promesas» (2 Corintios 1:22). En otra de sus epístolas, Pablo reiteró esta verdad diciendo: «En él también ustedes, cuando … creyeron, fueron marcados con el sello que es el Espíritu Santo prometido. Éste garantiza nuestra herencia» (Efesios 1:13-14).

Señor, cuán privilegiados somos al conocerte, al ser tuyos y ser llamados por tu nombre. Que con nuestra vida te demos toda la gloria y exhibamos con claridad que somos tuyos.

DÍA 83

Exterminaré de este lugar ... a los que, postrados en adoración, juran lealtad al SEÑOR, y al mismo tiempo a Moloc.

Sofonías 1:4-5

De la pluma de Charles Spurgeon:

Las personas mencionadas en este versículo creyeron estar seguras porque agradaban a las dos partes, estaban con los seguidores de Jehová mientras que también se postraban ante Moloc. Sin embargo, esta duplicidad es abominación a Dios y él detesta la hipocresía. Un idólatra que se entrega por completo a un falso dios no es un pecador tan grande como alguien que lleva su profano y detestable sacrificio al templo del Señor mientras que el mundo y su pecado consumen su corazón. Pretender vivir con las liebres pero correr junto con los sabuesos es una práctica detestable. Una persona de doble ánimo es despreciada en cualquier aspecto de la vida, pero en el aspecto de la fe resulta repulsiva a la enésima potencia. Y el castigo que el Señor estableció en nuestro texto es terrible pero merecido, porque ¿cómo puede la justicia divina de Dios consentir que un pecador conozca lo correcto, lo apruebe y profese cumplirlo, al mismo tiempo que ame el mal y permita que este gobierne su corazón por sobre el bien?

Amado hermano, escudriña tu corazón en esta mañana para ver si eres culpable de doble ánimo. Si profesas ser un seguidor de Jesús, ¿realmente lo amas? ¿Está tu corazón bien con Dios? ¿Perteneces a la familia de Padre honesto o eres pariente de Interés privado? [Nota del editor: ambos son personajes de *El progreso del peregrino* de John Bunyan, (1628-1688).] Profesar que se vive según un nombre piadoso es de escaso valor si seguimos estando «muertos en [nuestras] transgresiones y pecados» (Efesios 2:1). Tener un pie en la tierra de la verdad y otro en el mar de la falsedad finalmente nos conducirá a una terrible caída y a la ruina absoluta, dado que Cristo demanda todo o nada. Dios llena la totalidad del universo; por lo tanto, no hay lugar para otro dios. Si él reina en tu corazón, no hay espacio para que reine ningún otro poder.

¿Confío solo en Jesús crucificado y vivo solo para él? ¿Es él realmente el deseo de mi corazón? Entonces, bendita sea su poderosa gracia que me ha llevado a la salvación.

Señor, si esto no es así en mi vida, perdona mi grave ofensa, hazme tener una sola intención y que siempre tema tu santo nombre.

De la pluma de Jim Reimann:

En nuestra sociedad actual, tener doble moral es políticamente correcto, una sociedad en donde todos los parámetros se han abandonado, en especial el que establece la Biblia. Pero Dios lo aborrece, según lo expresa también el salmista que dijo: «Aborrezco a los hipócritas, pero amo tu ley» (Salmo 119:113). Escucha lo que Jesús le dijo a la iglesia de Laodicea:

Conozco tus obras; sé que no eres ni frío ni caliente. ¡Ojalá fueras lo uno o lo otro! Por tanto, como no eres ni frío ni caliente, sino tibio, estoy por vomitarte de mi boca. Dices: "Soy rico; me he enriquecido y no me hace falta nada"; pero no te das cuenta de que el infeliz y miserable, el pobre, ciego y desnudo eres tú. Por eso te aconsejo que de mí compres oro refinado por el fuego, para que te hagas rico; ropas blancas para que te vistas y cubras tu vergonzosa desnudez; y colirio para que te lo pongas en los ojos y recobres la vista.

Yo reprendo y disciplino a todos los que amo. Por lo tanto, sé fervoroso y arrepiéntete.

APOCALIPSIS 3:15-19

Y en el siguiente pasaje, vemos a Santiago que está de acuerdo:

Así que sométanse a Dios. Resistan al diablo, y él huirá de ustedes. Acérquense a Dios, y él se acercará a ustedes. ¡Pecadores, límpiense las manos! ¡Ustedes los inconstantes, purifiquen su corazón!

SANTIAGO 4:7-8

DÍA 84

Todo lo que te viniere a la mano para
hacer, hazlo según tus fuerzas.

Eclesiastés 9:10, RVR 1960

De la pluma de Charles Spurgeon:

«Todo lo que te viniere a la mano para hacer» se refiere a las obras que son posibles para nosotros, aunque nuestro corazón encuentre muchas cosas que hacer que jamás haremos. Es bueno tener una idea en el corazón, pero sería de mayor utilidad que en realidad llevemos algo a cabo con eficiencia en vez de contentarnos con tener una idea o hablar de hacer alguna cosa. Tenemos que hacer «todo lo que [nos] viniere a la mano para hacer». Una buena obra vale muchísimo más que miles de ideas brillantes que nunca llegan a concretarse. Jamás debemos sencillamente sentarnos y esperar que nos llegue la gran oportunidad o que aparezca un trabajo distinto para hacer. Todos y cada uno de los días debemos hacer las cosas que nos vienen «a la mano».

No podemos vivir en otro momento que no sea el presente, dado que el pasado se ha ido y el futuro no ha llegado todavía. Por lo tanto, comienza a servir a Dios sin esperar que la experiencia de tu vida llegue a la madurez. Procura dar fruto desde ahora. Sírvele ahora mismo, pero fíjate cómo haces «lo que te viniere a la mano para hacer» porque tienes que hacerlo «según tus fuerzas». Hazlo de inmediato, no desperdicies tu vida pensando en lo que harás mañana como si eso pudiera compensar tu ocio de hoy. Nadie jamás ha servido a Dios haciendo cosas mañana. Es lo que hacemos hoy lo que genera bendición y trae honor a Cristo. Y todo lo que hagas por él, hazlo de todo corazón. No le des a Cristo un trabajo hecho a medias tintas o de vez en cuando, sino que cuando le sirvas hazlo «con todo tu corazón y con toda tu alma y con todas tus fuerzas» (Deuteronomio 6:5).

¿Dónde hallará el cristiano su fuerza o el poder? Ciertamente no en sí mismo, porque en él «se perfecciona ... la debilidad» (2 Corintios 12:9). No, el poder del cristiano descansa en el Señor Todopoderoso, por tanto, busquemos su ayuda y avancemos en oración y con fe. Y una vez que hayamos hecho lo que nos viene «a la mano para hacer», que «nuestros ojos [miren] al SEÑOR nuestro Dios hasta que se apiade de nosotros» (Salmo 123:2, LBLA) y nos dé su bendición. Entonces, lo que hagamos por él será bien hecho y nuestro servicio jamás abandonará su eficacia.

De la pluma de Jim Reimann:

La diligencia y la perseverancia prácticamente se han convertido en artículos en desuso. Sin embargo, como cristianos, nuestro amor a Dios debe hacernos sentir motivados para servirlo bien. Pablo le dijo a Timoteo que «los creyentes vean en ti un ejemplo a seguir en la manera de hablar, en la conducta, y en amor, fe y pureza» y enfatizó: «Sé diligente en estos asuntos; entrégate de lleno a ellos, de modo que todos puedan ver que estás progresando» (1 Timoteo 4:12,15). Y en otra parte, Pablo se hace eco de nuestro versículo de Eclesiastés, enseñando el principio de servir al Señor de todo corazón. Al leer este pasaje en esta mañana, aplícalo a tu vocación y a tu lugar de servicio al Señor:

> Esclavos, obedezcan en todo a sus amos terrenales, no sólo cuando ellos los estén mirando, como si ustedes quisieran ganarse el favor humano, sino con integridad de corazón y por respeto al Señor. *Hagan lo que hagan, trabajen de buena gana, como para el Señor* y no como para nadie en este mundo, conscientes de que el Señor los recompensará con la herencia. Ustedes sirven a Cristo el Señor.
>
> COLOSENSES 3:22-24

Si en verdad amo a Jesús, derramaré todo mi ser para hacer su trabajo y algún día lo escucharé decir: «¡Hiciste bien, siervo bueno y fiel! En lo poco has sido fiel; te pondré a cargo de mucho más. ¡Ven a compartir la felicidad de tu señor!» (Mateo 25:21). ¿Qué podría ser más glorioso que eso?

DÍA 85

No andes difundiendo calumnias entre tu pueblo
… sino reprende con franqueza a tu prójimo para
que no sufras las consecuencias de su pecado.

Levítico 19:16-17

De la pluma de Charles Spurgeon:

El chisme malicioso derrama su veneno en tres sentidos: agravia al que habla, al que escucha y a la persona que es objeto de la acusación. Sea cierto o falso, la Palabra de Dios nos prohíbe difundirlo. La reputación del pueblo de Dios debiera ser muy preciada a nuestra vista y debemos considerar una vergüenza ser ayudantes del diablo en la deshonra de la iglesia y del nombre del Señor. Algunas lenguas necesitan un freno y no una espuela, porque gran cantidad de personas se enorgullecen de tirar abajo a sus hermanos como si eso los elevara a ellos.

Sem y Jafet, los hijos de Noé, sabiamente «tomaron un manto … [y] cubrieron la desnudez de su padre» (Génesis 9:23), pero Cam hizo un comentario sobre la desnudez de su padre y se ganó una terrible maldición. Quizás nosotros también debamos enfrentar un día negro, uno en el que apreciaríamos que nuestra familia en Cristo guardara silencio. Por tanto, brindemos el mismo beneficio a quienes lo necesitan en este momento. Que esta sea nuestra regla familiar y nuestra promesa personal: «No hablar mal de nadie» (Tito 3:2).

No obstante, el Espíritu Santo nos permite criticar el pecado pero indica exactamente cómo debemos hacerlo. Debemos reprender al hermano de frente y no hacer comentarios a sus espaldas. Este útil método trae la bendición de Dios y es más fraternal, más semejante a Cristo y más poderoso. Nuestra carne no querrá proceder de esta forma, pero debemos considerar el mayor estrés que se genera sobre nuestra conciencia si nos negamos a hacer lo correcto. Al ignorar el problema, permitimos que nuestro amigo continúe en el pecado, y entonces nos convertimos en participantes del mismo.

Las advertencias oportunas, sabias y afectuosas por parte de pastores y amigos fieles han salvado a muchas personas de la vergonzosa pecaminosidad. El mismo Señor Jesucristo nos ha dejado un excelente ejemplo, lleno de gracia, para saber cómo tratar con amigos que caen en el error. Podemos ver su advertencia a Pedro en cuanto a su jactanciosa declaración de apoyo, que fue precedida de oración y dicha con amabilidad.

De la pluma de Jim Reimann:

En la última cena los discípulos de Jesús «comenzaron a preguntarse … quién de ellos [lo traicionaría]. Tuvieron además un altercado sobre cuál de ellos sería el más importante» (Lucas 22:23-24). Hasta Pedro manifestó con orgullo: «Señor … estoy dispuesto a ir contigo tanto a la cárcel como a la muerte» (v. 33). Esta clase de discurso jactancioso y cargado de orgullo era algo que Jesús no toleraría en sus seguidores.

Sin embargo, antes de que Pedro alardeara, Jesús le dijo: «Satanás ha pedido zarandearlos a ustedes como si fueran trigo. Pero yo he orado por ti» (vv. 31-32). Fíjate especialmente en las palabras: *«Pero yo he orado por ti»* y el hecho de que la oración de Jesús precedió a la siguiente advertencia: «Pedro, te digo que hoy mismo, antes de que cante el gallo, tres veces negarás que me conoces» (v. 34). Jesús nos da el ejemplo, porque la oración debe preceder a la reprensión a otro creyente y se debe hacer con amabilidad. «Si alguien es sorprendido en pecado, ustedes que son espirituales deben restaurarlo con una actitud humilde» (Gálatas 6:1).

Finalmente Pedro aprendió la importancia de controlar su lengua, dado que más tarde escribió:

No devuelvan mal por mal ni insulto por insulto; más bien, bendigan, porque para esto fueron llamados, para heredar una bendición. En efecto, «el que quiera amar la vida y gozar de días felices, que refrene su lengua de hablar el mal y sus labios de proferir engaños».

1 PEDRO 3:9-10

DÍA 86

Tengo mucha gente en esta ciudad.

Hechos 18:10

De la pluma de Charles Spurgeon:

Este versículo debe sernos de gran inspiración para hacer la obra de Dios, siendo que entre los más viles de los viles, los más depravados y degenerados y los más drogados y ebrios, el Señor tiene a sus elegidos que deben ser salvos. Cuando les llevas la Palabra de Dios a ellos, lo haces porque él te ha ordenado de manera soberana que seas el mensajero de vida para su alma, y ellos deben recibirla porque así es como funciona el decreto de la predestinación. Ellos son tan redimidos por la sangre de Cristo como los santos que ya están ante su trono eterno. Son de su propiedad y, aunque ahora puede que amen los bares y el alcohol y a quienes desprecian la santidad, si Jesucristo los ha comprado, él los tendrá. Dios es fiel para recordar el precio que su Hijo ha pagado por sus elegidos, y no permitirá que el sacrificio sustitutorio de Cristo sea inefectivo, algo inútil para cualquiera de ellos. Multitudes de almas redimidas todavía no han sido regeneradas, pero deben serlo y lo serán. Este es el consuelo y la certeza que tenemos cuando salimos a llevarles la Palabra de Dios que da vida.

Y más todavía, porque por estas almas Cristo rogó ante el trono de Dios, ya que el gran Intercesor dijo: «No ruego sólo por éstos [mis discípulos]. Ruego también por los que han de creer en mí por el mensaje de ellos» (Juan 17:20). Pobres almas ignorantes que nada saben sobre cómo orar por ellas mismas, pero Jesús oró por ellas. Sus nombres están escritos en su coraza y dentro de poco inclinarán sus rodillas rebeldes ante él para finalmente exhalar un suspiro de arrepentimiento ante el santo trono de la gracia.

«No [es] tiempo de higos» (Marcos 11:13). El momento predestinado todavía no ha llegado para muchos, pero cuando les llegue obedecerán. «Apenas me oyen, me obedecen» (Salmo 18:44), porque Dios tendrá a los que son suyos. Deben venir a él porque no se puede ignorar al Espíritu cuando se presenta en la plenitud de su poder; deben acudir como sirvientes dispuestos del Dios vivo. «Tu pueblo se te ofrecerá voluntariamente en el día de tu poder» (Salmo 110:3, RVR 1960).

«Después de su sufrimiento ... mi siervo justo justificará a muchos ... le daré un puesto entre los grandes, y repartirá el botín con los fuertes» (Isaías 53:11-12).

De la pluma de Jim Reimann:

Hoy vemos la absoluta soberanía de Dios en la salvación. Pablo dijo: «Por lo tanto, si alguno está en Cristo, es una nueva creación. ¡Lo viejo ha pasado, ha llegado ya lo nuevo! *Todo esto proviene de Dios*, quien por medio de Cristo nos reconcilió consigo mismo y nos dio el ministerio de la reconciliación» (2 Corintios 5:17-18). No obstante, el Señor ha decidido incluir a su pueblo en la dispersión del evangelio. Tal como Spurgeon lo expresa hoy, Jesús oró por aquellos que habrían de creer en él «por el mensaje de ellos».

Pablo continúa diciendo en 2 Corintios 5: «Dios ... [nos encargó] a nosotros el mensaje de la reconciliación ... Así que somos embajadores de Cristo, como si Dios los exhortara a ustedes por medio de nosotros» (2 Corintios 5:18-20). Que siempre recordemos lo que sucedió cuando Pablo predicó el evangelio: «Al oír esto, los gentiles se alegraron y celebraron la palabra del Señor; y *creyeron todos los que estaban destinados a la vida eterna*» (Hechos 13:48).

DÍA 87

El Señor espera para tener piedad de vosotros.

Isaías 30:18, LBLA

De la pluma de Charles Spurgeon:

A veces Dios demora la respuesta a las oraciones y en los textos sagrados tenemos varios ejemplos de esto. Jacob debió esperar toda la noche por una bendición de parte del Señor, porque Dios «luchó con él hasta el amanecer» (Génesis 32:24). Jesús no respondió de inmediato al ruego de la mujer siriofenicia «que tenía una niña poseída por un espíritu maligno» (Marcos 7:25). «Tres veces [Pablo] le [rogó] al Señor que [le] … quitara … una espina … clavada en el cuerpo» (2 Corintios 12:7-8), pero jamás recibió seguridad de que esto sucedería. En cambio, recibió esta promesa de parte del Señor: «Te basta con mi gracia» (v. 9).

Si has estado golpeando a la puerta de la misericordia de Dios pero no has recibido respuesta, ¿crees que puedo decirte por qué el todopoderoso Creador no abrió la puerta para permitirte entrar? No puedo, porque nuestro Padre tiene razones para dejarnos esperando y él las conoce. A veces es para demostrar su poder y soberanía, y para que las personas lleguen a saber que Jehová tiene el derecho de dar y de retener. Sin embargo, con mucha frecuencia es para nuestro beneficio. Quizás debiste quedarte esperando para que tus deseos se volvieran más apasionados. Dios sabe que su retardo incrementará tu deseo y si él te hace esperar, verás tus necesidades con mayor claridad, buscarás una respuesta de todo corazón y finalmente, luego de haber esperado por ella, valorarás su misericordia mucho más. También puede ser que haya algún error en tu necesidad, algo que debas quitar antes de recibir «el gozo del Señor» (Nehemías 8:10). Quizás tu comprensión del plan del evangelio es confusa o tal vez te apoyaste demasiado en ti mismo en vez de confiar total y plenamente en el Señor Jesús. Por último, quizás Dios desea que esperes un poco para que

184

él pueda «mostrar ... la incomparable riqueza de su gracia» (Efesios 2:7) más plenamente. Todas tus oraciones se archivan en el cielo y aunque tal vez no reciban respuesta inmediata, no quedan olvidadas porque dentro de poco se cumplirán para tu absoluto deleite y satisfacción. Por lo tanto, jamás permitas que el desánimo te haga quedar silencioso, continúa siendo constante y sigue el consejo: «Perseveren en la oración» (Romanos 12:12).

De la pluma de Jim Reimann:

En la sociedad actual estamos inmersos en la cultura del hacer; por lo tanto, esperar es una de las cosas más difíciles que se nos pide que hagamos. ¡Preferimos que nos pidan cualquier cosa menos esperar! No obstante, se trata de una disciplina que todo discípulo de Jesús debe aprender.

Recuerda las palabras de Habacuc, un profeta de Dios que comprendió el concepto de esperar:

Me mantendré alerta, me apostaré en los terraplenes; estaré pendiente de lo que me diga, de su respuesta a mi reclamo. La respuesta del Señor Y el Señor me respondió: «Escribe la visión, y haz que resalte claramente en las tablillas, para que pueda leerse de corrido. *Pues la visión se realizará en el tiempo señalado*; marcha hacia su cumplimiento, y no dejará de cumplirse. *Aunque parezca tardar, espérala; porque sin falta vendrá.*

HABACUC 2:1-3

Antes de comenzar tu día de «hacer cosas», dedica unos momentos a considerar estas palabras de David, otro hombre que supo lo que era esperar:

Pero de una cosa estoy seguro: he de ver la bondad del Señor en esta tierra de los vivientes. Pon tu esperanza en el Señor; ten valor, cobra ánimo; ¡pon tu esperanza en el Señor!

SALMO 27:13-14

DÍA 88

Te fortaleceré.

Isaías 41:10

De la pluma de Charles Spurgeon:

Dios tiene una enorme reserva de poder con la cual cumplir la promesa de hoy, porque él es capaz de hacer todas las cosas. Querido creyente, no tienes nada que temer mientras no puedas drenar por completo el océano de la omnipotencia de Dios ni derribar las imponentes montañas de su increíble fuerza y hacerlas pedazos. Jamás pienses que la fuerza humana será capaz de superar el poder de Dios. Mientras los cimientos del planeta permanezcan tienes suficientes razones para permanecer firme en tu fe. El mismo Dios que mantiene a la tierra en su órbita, que aviva la llama del sol y que enciende las estrelladas lumbreras de la noche ha prometido suplirte de fuerzas cada día. Dado que él es plenamente capaz de sustentar el universo, jamás te imagines que será incapaz de cumplir sus propias promesas.

Recuerda lo que hizo en los días de antaño con las generaciones anteriores. Recuerda cómo él habló y fue hecho, cómo él dio la orden y la creación cobró vida. ¿Acaso perderá su poder el que creó el mundo? ¿El que colgó el mundo de la nada de repente será incapaz de sostener a sus hijos? ¿Será infiel a su Palabra por falta de poder? ¿Quién es el que controla las tormentas porque hace «de las nubes [sus] carros de guerra. ¡[Él cabalga] en las alas del viento!» (Salmo 104:3) y tiene a los océanos en «la palma de su mano» (Isaías 40:12)? ¿Cómo podría él fallarte? Si es que puso una promesa de fe como esa en su Palabra, ¿creerás siquiera por un momento que él podría haberse excedido diciendo algo que no fuera capaz de cumplir con su poder? ¡De ninguna manera! ¡Ya no dudes más!

Oh, mi Dios y mi fortaleza, sé que tu promesa se cumplirá porque la reserva inagotable de tu gracia jamás podrá agotarse, tus amigos jamás podrán vaciar la sobreabundante provisión de tu fortaleza ni tus enemigos la podrán saquear.

Que el débil sea fuerte,
    y que el brazo de Jehová sea su cántico.

PHILIP DODDRIDGE, 1702-1751

De la pluma de Jim Reimann:

Hoy Spurgeon concentra nuestra atención en nuestro soberano y omnipotente Dios: «Fiel es el SEÑOR a su palabra y bondadoso [leal] en todas sus obras» (Salmo 145:13). Por qué en esta mañana no dedicas el resto de tu tiempo de meditación para reflexionar en dos de los pasajes de las Escrituras mencionados, pero dentro de sus respectivos contextos:

¡Alaba, alma mía, al SEÑOR! SEÑOR mi Dios, tú eres grandioso; te has revestido de gloria y majestad. Te cubres de luz como con un manto; extiendes los cielos como un velo. Afirmas sobre las aguas tus altos aposentos y haces de las nubes tus carros de guerra. ¡Tú cabalgas en las alas del viento! Haces de los vientos tus mensajeros, y de las llamas de fuego tus servidores. Tú pusiste la tierra sobre sus cimientos, y de allí jamás se moverá.

SALMO 104:1-5

¿Quién ha medido las aguas con la palma de su mano, y abarcado entre sus dedos la extensión de los cielos? ¿Quién metió en una medida el polvo de la tierra? ¿Quién pesó en una balanza las montañas y los cerros?

ISAÍAS 40:12

Y recuerda siempre que: «La hierba se seca y la flor se marchita, pero *la palabra de nuestro Dios permanece para siempre*» (Isaías 40:8).

DÍA 89

La virgen concebirá, y dará a luz un hijo,
y llamará su nombre Emanuel.

Isaías 7:14, RVR 1960

De la pluma de Charles Spurgeon:

Descendamos hoy a Belén junto con los asombrados pastores y los magos que vinieron a adorar, y contemplemos al «que ha nacido rey de los judíos» (Mateo 2:2). Por la fe podemos declarar y entonar: «Nos ha nacido un niño, se nos ha concedido un hijo» (Isaías 9:6). Jesús es Jehová encarnado, nuestro Señor y nuestro Dios, pero también nuestro hermano y amigo.

De manera que adorémosle y admirémoslo, pero primero, recordemos su milagrosa concepción. Se trató de un evento nunca visto ni oído con anterioridad, y desde entonces sin paralelos porque «la virgen concebirá, y dará a luz un hijo». La primera promesa de su venida menciona la simiente de la mujer, no la del hombre (ver Génesis 3:15). Dado que fue la mujer la que abrió el camino para el pecado que hizo que la humanidad perdiera el paraíso, fue ella y solo ella, el preludio de Aquel que recuperaría el paraíso perdido. Aunque nuestro Salvador era hombre, en cuanto a su humana naturaleza él era «¡el Santo de Dios!» (Marcos 1:24). Inclinémonos con reverencia ante el santo niño cuya inocencia restablece su antigua gloria para la humanidad y oremos para «que Cristo sea formado en ustedes» (Gálatas 4:19), «la esperanza de gloria» (Colosenses 1:27).

Después, recordemos su origen humilde. Se describe a su madre como simplemente «la virgen»; no una princesa, ni una profetisa ni tampoco la matriarca de un gran estado. Es cierto que por sus venas corría la sangre real, que su mente era fuerte y que había recibido buena instrucción ya que entonó una de las más dulces canciones de alabanza jamás cantada. Sin embargo, piensa en su condición humilde, qué pobre era el hombre con el que se había comprometido y qué lamentables las comodidades provistas para el Rey recién nacido.

«Lo llamarán Emanuel (que significa "Dios con nosotros")» (Mateo 1:23). Dios con nosotros, en nuestra naturaleza, en nuestra tristeza, en nuestro trabajo, en nuestro castigo y en nuestra muerte. Dios con nosotros ahora (o nosotros con él) en su resurrección, ascensión, triunfo y en el esplendor de su segunda venida.

De la pluma de Jim Reimann:

La tradición, más que los hechos, ha moldeado nuestra visión actual de la Navidad. Hasta el día de hoy, en el medio oriente, el rebaño pasa la noche en una cueva con una sola puerta. El pastor guarda allí sus ovejas y luego se acuesta a lo ancho de la puerta, literalmente protegiendo a las ovejas con su vida. Por eso Jesús dijo: «Yo soy la puerta de las ovejas … el que entre por esta puerta, que soy yo, será salvo. Se moverá con entera libertad, y hallará pastos … Yo soy el buen pastor. El buen pastor da su vida por las ovejas» (Juan 10:7,9,11).

El típico pesebre no es el que vemos en las escenas navideñas sino que se trata de una especie de cuenco labrado en una gran roca. En uno de esos cuencos el pastor coloca el grano para los animales y en el otro coloca el agua. Qué lugar tan humilde aunque apropiado para colocar al Hijo de Dios al nacer, porque él mismo diría más tarde: «Yo soy el pan que bajó del cielo» (Juan 6:41) y «¡Si alguno tiene sed, que venga a mí y beba!» (Juan 7:37).

Qué hermosa imagen del hermoso Salvador: «¡Este es el Cordero de Dios, que quita el pecado del mundo!» (Juan 1:29, RVR 1995).

DÍA 90

Tomó luego Samuel una piedra ... y le puso por nombre
Eben-ezer, diciendo: Hasta aquí nos ayudó Jehová.

1 Samuel 7:12, RVR 1960

De la pluma de Charles Spurgeon:

Las palabras «hasta aquí» parecen ser una mano que señala al pasado.
Sean veinte años (ver 1 Samuel 7:2) o setenta, «hasta aquí nos ayudó
Jehová». A través de la pobreza y la riqueza, a través de la enfermedad
y la salud, en casa o fuera de ella, en tierra y mar, en honra y deshonra, en dificultad y en alegrías, en pruebas y triunfos, y en oración y
tentación... «hasta aquí nos ayudó Jehová». Así como disfrutamos el
contemplar una larga avenida de árboles que forman un templo verde
y exuberante, con sus columnas de ramas y arcos de hojas, también
disfrutamos el mirar atrás, a los largos pasillos de los años de nuestra
vida. Contempla por encima de tu cabeza las verdes ramas de la misericordia de Dios y las fuertes columnas de su bondadosa amabilidad y
fidelidad que eleva nuestra alegría hasta el cielo. ¿Puedes ver los pájaros que cantan posados en las ramas? Sin dudas son muchos y todos
entonan alabanzas por la misericordia del Señor recibida «hasta aquí».

Sin embargo, estas palabras también señalan hacia adelante, porque cuando alguien marca determinado lugar, significa que no ha
llegado al final y que todavía resta camino por andar.

Debemos atravesar más tentaciones y alegrías, más pruebas y más
triunfos, más oraciones y sus respuestas, más debilidades y más fortalezas, y más batallas y victorias. Luego vendrá la edad avanzada, la
enfermedad y la muerte, pero, ¿será esto el fin? ¡No! Nos levantaremos
para mucho más: la semejanza de Jesús, tronos, arpas, canciones, salmos, vestiduras de justicia, el rostro de Jesús, la comunión de los santos, la gloria de Dios, la felicidad infinita y la plenitud de la eternidad.

Oh, creyente, sé valiente y con agradecida confianza coloca tu piedra de Ebenezer como lo hizo Samuel porque:

El Señor que «hasta aquí» te ayudó
te seguirá ayudando en lo que resta del camino.

JOHN NEWTON, 1725-1807

Cuando leemos las palabras «hasta aquí» a la luz del cielo, ¡qué posibilidades gloriosas y milagrosas revelan a nuestros ojos llenos de agradecimiento!

De la pluma de Jim Reimann:

Cuando Samuel «tomó … una piedra … y le puso por nombre Ebenezer», estaba haciendo lo que los israelitas frecuentemente hacían para conmemorar un momento de bendición divina. Por ejemplo, cuando Israel cruzó el Jordán.

> Entonces Josué reunió a los doce hombres que había escogido de las doce tribus, y les dijo: «Vayan al centro del cauce del río, hasta donde está el arca del SEÑOR su Dios, y cada uno cargue al hombro una piedra. Serán doce piedras, una por cada tribu de Israel, y servirán como señal entre ustedes. En el futuro, cuando sus hijos les pregunten: "¿Por qué están estas piedras aquí?", ustedes les responderán: "El día en que el arca del pacto del SEÑOR cruzó el Jordán, las aguas del río se dividieron frente a ella. Para nosotros los israelitas, estas piedras que están aquí son un recuerdo permanente de aquella gran hazaña"».

JOSUÉ 4:4-7

Del mismo modo, nuestras vidas deben ser como recordatorios vivos para el Señor, según lo que Pedro escribió:

> Cristo es la Piedra viva, rechazada por los seres humanos pero escogida y preciosa ante Dios. Al acercarse a él, también ustedes

son como piedras vivas, con las cuales se está edificando una casa espiritual. De este modo llegan a ser un sacerdocio santo, para ofrecer sacrificios espirituales que Dios acepta por medio de Jesucristo.

1 PEDRO 2:4-5